永恒的人生

王承书传

席学武　编著

中国原子能出版社

图书在版编目（CIP）数据

永恒的人生——王承书传 / 席学武编著 . —北京：
中国原子能出版社，2015.9
　ISBN 978-7-5022-6873-2

　Ⅰ . ①永… 　Ⅱ . ①席… 　Ⅲ . ①王承书（1912—1994）—
传记 　Ⅳ . ①K826.16

　中国版本图书馆 CIP 数据核字（2015）第 232584 号

内 容 简 介

　　本书简要介绍了王承书同志平凡而卓越的一生。王承书同志是中国科学院院士，我国杰出的核物理学家，中国共产党的优秀党员。王承书同志在 20 世纪 50 年代回国后，为我国核事业的创建和发展顽强拼搏了 38 个春秋。特别是在铀同位素分离领域，成绩尤为显著，她为我国原子弹与氢弹研制中的关键环节，高浓铀的生产作出了杰出贡献。她为核工业战线培养了一大批优秀人才。她把自己毕生积蓄中的大部分捐献给了希望工程。这种鞠躬尽瘁，死而后已的奉献精神，成为了我们时代的楷模。

永恒的人生——王承书传

出版发行	中国原子能出版社（北京市海淀区阜成路 43 号　100048）
责任编辑	韩　霞
装帧设计	赵　杰
责任校对	冯莲凤
责任印制	潘玉玲
印　　刷	保定市中画美凯印刷有限公司
经　　销	全国新华书店
开　　本	787 mm×1092 mm　1/16
印　　张	12.5　**插　页**　8
字　　数	230 千字
版　　次	2015 年 9 月第 1 版　2015 年 9 月第 1 次印刷
书　　号	ISBN 978-7-5022-6873-2　　**定　价**　55.00 元

网址：http://www.aep.com.cn　　　E-mail：atomep123@126.com
发行电话：010-68452845　　　　　　版权所有　侵权必究

谨以此书献给
核工业理化工程研究院
建院五十周年

图 1　王承书教授在看资料（1973 年）

图 2　1971 年 7 月 28 日，周总理在人民大会堂接见并宴请杨振宁（前排右 1）及其
夫人杜致礼（左 3），邓颖超（左 2），王承书（第 2 排右 1），张文裕（第 2 排右 2），
周培源（第 2 排右 4）等人作陪

图3　1963年9月，中国科学院领导和原子能研究所学术委员会部分人员合影

一排　左1王淦昌　左2李　毅　左5钱三强　左6李四光　左7吴有训　左8叶企孙　左9饶毓泰
　　　左10周培源　左11施汝为　左12赵忠尧

二排　左1刘书林　左2戴传曾　左4肖　键　左5忻贤杰　左6张家骅　左8何泽慧　左9力　一
　　　左10彭桓武　左11梅镇岳　左13徐光宪　左14汪德熙　　　左17彭士禄

三排　左2连培生　左3王承书　左5李德平　左6周光召　左7李　林　左8黄祖洽　左9杨承宗
　　　左11关肇直　左12曹本熹　左13吴征铠　左14张沛霖　左15朱洪元

四排　左2谢　曦　左5朱光亚　左6陆祖荫　左8钱皋韵　左10胡济民　左12于　敏　左14金星南

图4　王承书与参加理论培训班的部分人员合影

前排左起　潘克忠　陈炳先　王承书　刘乔生　严世杰
后排左起　程　海　戴进池　刘广均　王成孝　段存华　过松如

图 5　王承书（右 3）和青年工作者在讨论问题
左 1 过松如　左 2 陈念念　左 3 吴映虹　右 2 郭顺连　右 1 诸葛福

图 6　1981 年在郑州召开中国核学会同位素分离分会成立大会与会人员合影

一排：左 2 王玉明　左 5 张永根　左 7　张作风　右 1 李　骖

二排：左 2 段存华　左 4 刘广均　左 9 吴征铠　左 10 王承书　右 2 钱皋韵

三排：左 1 章祖庚　左 2　赵鸿宾　左 3 朱家骆　左 8 潘恩霖　左 9 梁尤能　左 10 谢培智
　　　左 13 戴进池　右 3 徐润达

四排：左 5 董大年　左 6 曹其行　左 10 陈文森　右 1 梁鸿英　右 2 瑞世庄　右 3　陆家贞
　　　右 5 应纯同　右 7　陈聿恕

五排：左 2 廖声觉　左 3 王福刚　左 4 黄更生　左 5 陈金铨　左 9 严世杰

六排：左 2 徐家驹　左 3 席学武　左 4 陈梓新　左 6 郭松涛　右 6 杨世勇　右 7 王世俊

图 7　1982 年　王承书与原理论组部分成员合影

前排左起：秦婉真　严秀兰　段存华　王承书　余沛增　夏有功　严世杰　李茂典
后排左起：彭正秋　陈梓新　张连合　诸旭辉　黄更生　诸葛福　许宗兴　于长江　吴文政

图 8　1983 年在旅顺召开中国核学会理事会合影

二排左起：吴征铠（6）赵忠尧（10）王淦昌（11）张文裕（12）姜圣阶（13）
　　　　　王承书（17）何泽慧（18）肖　伦（19）
三排左起：刘广均（2）

图 9   1985 年中国核学会举办春节联欢会后合影

一排：左姜圣阶　右张文裕

二排：左 1 何泽慧　左 2 王承书　左 4 赵忠尧　右 2 吴征铠

三排：左 8 朱光亚

图 10   1985 年王承书在主持学术交流会后与代表们合影

一排：左 2 沈婷婷　左 3 司秉玉　左 4 吴映菊　左 5 陈月琴　右 1 徐燕生

二排：左 1 俞沛增　左 2 翟绍源　左 3 王承书　左 5 张沛霖　左 6　王大珩　左 7 吴征铠　左 11 刘广均

三排：左 1 夏有功　左 2 章祖庚　左 6 史训良　左 9 谢培智　左 11 王德武　左 12 李　骖　左 13 王世俊
　　　左 14 诸旭辉

四排：左 8 罗万象　左 9 于长江　左 10 沈修浚　左 11 潘文杰　左 12 徐品芳　左 13 彭正秋

图 11 1986 年 12 月，王承书与参加学术研讨会的部分人员合影

前排左起：金兆熊 应纯同 梁尤能 王承书 刘广均 赵鸿宾 聂玉光

后排左起：董德有 耿进喜 沈祖培 陈金铨 肖绍坚 丁占鳌 诸葛福 王恒禄 钱 新 谢庄应

图 12 1987 年王承书与核工业部科技司部分同志合影

前排：左 1 王恺之 左 2 许善谆 左 3 吴征铠 左 4 王承书 左 6 胡进修

后排：左 1 李 荣 左 2 耿春团 左 3 吴庆昌 左 4 郑华玲 左 5 吕志远 左 6 王德铭

左 7 闫浩洁 左 8 冯运昌 左 9 刘建华 左 10 徐燕生 左 11 陈晓东 左 12 王迎苏

图 13　1987 年王承书和吴征铠与科技司部分女同志合影
前排：左 1 王承书　左 2 吴征铠
后排：左 1 许善谇　左 2 焦存芝　左 3 杨　静　左 4 耿春团

图 14　1990 年王承书参加国家重点科研攻关项目技术验收会的照片
右排　左 1 张沛霖　左 2 王承书　左 3 吴征铠　左 4 钱皋韵

图 15　1990 年王承书在参加国家重点科技攻关项目技术验收会后与专家合影

前排：左 1 梁尤能　左 2 袁克兴　左 3 张沛霖　左 4 王承书　左 5 吴征铠　左 6 钱皋韵　左 7 周渊泉

后排：左 1 徐燕生　左 2 佟荣贵　左 3 张绮香　左 4 王裕起　左 5 顾大伟　左 6 周全胜　左 7 诸旭辉

　　　　左 8 李　骖　左 9 陈博文

图 16　王承书院士和钱皋韵院士在试验室讨论问题

图 17　1983 年王承书院士的照片

图 18　武汉市鲁迅广场上的王承书雕塑

序

王承书先生，著名核物理学家，湖北武汉市人，1912 年 6 月生，1934 年毕业于燕京大学物理系，1941 年赴美国留学，1944 年获博士学位，先后在美国密歇根大学和普林斯顿高级研究所任副研究员、研究员，获得了卓越的研究成果，受到学界瞩目。

为了新中国的建设事业，她和丈夫张文裕排除重重阻挠，于 1956 年回国，先后从事受控核聚变反应、铀同位素分离领域的研究。她是我国铀同位素分离理论研究的奠基人，为我国第一颗原子弹的爆炸成功和铀浓缩技术的发展做出了重要贡献。更难能可贵的是，她不仅将毕生精力献给原子能事业，而且甘当人梯，为国家培养出一大批铀同位素分离领域的高级人才。

王承书先生是一位学术理论基础扎实、成就突出的物理学家，著有铀同位素分离方面的权威专著多部，并创办了《铀同位素分离》杂志。由她领导和参与研究的多项成果获全国科学大会奖和国防科委科技进步特别奖，并先后荣获国防工办科技进步奖数十项。

王承书先生历任原子能研究所理论研究室研究员、理论研究室副主任、原子能研究所热核聚变研究室主任、原子能研究所六一五研究室副主任、华北六〇五研究所副所长、二机部科技局总工程师、核工业总公司科技委高级顾问、中国核学会常务理事、中国核学会同位素分离分会理事长。曾任北京大学、清华大学、大连工学院兼职教授。曾当选为全国劳动模范，全国"三八"红旗手，第三届全国政协委员，第三届、第四届、第五届全国人大代表。

王承书先生是一位和蔼可亲的前辈、平易近人的领导、知识渊博的同事，她的人品有口皆碑。她的严谨治学和躬行垂范的品格，对后来的科学研究工作者产生了深远的影响。

王承书先生虽然离开我们多年，但是她的科研精神是我们学习的榜样。作为王承书先生的同事和晚辈，我们应该学习她的精神和思想，以身作则，以纯净之心治学，以博大之心育人，推动我们的科研工作迈向新的台阶。

中国工程院　院士　钱皋韵

中国科学院　院士　刘广均

中国工程院　院士

2014 年 9 月

前　言

　　王承书同志是中国科学院院士，我国杰出的核物理学家，优秀的中国共产党员。

　　王承书同志20世纪50年代回国之后，为我国核工业的创建和发展顽强拼搏了38个春秋。特别是在铀同位素分离领域，成绩尤为显著，她在我国原子弹与氢弹研制中的关键环节高浓缩铀的生产过程中做出了杰出贡献。王承书同志时刻关心着我国科技队伍的建设和青年科技工作者的成长，为核工业战线培养了一大批优秀人才。在自己健康状况持续恶化的情况下，她还念念不忘青少年的教育，把自己毕生的大部分积蓄捐献给希望工程，这种鞠躬尽瘁，死而后已的奉献精神，成为我们时代的楷模。

　　王承书同志的优秀品格体现在她工作、生活的各个方面，其核心是爱国、爱党。对祖国的热爱和对党的忠诚，始终贯穿着她事业的全部，这成为她一切行动的出发点。无论是当年冲破种种阻挠回国参加社会主义建设，还是后来为填补国内空白而一再改变自己的研究方向；无论是隐姓埋名，抛家忘我的工作热情，还是甘为人梯的奉献精神，她的原动力都来自于国家、人民和党的利益，王承书同志站在这样的高度，书写出自己光彩夺目的人生历程。

　　科学没有国界，而科学家却有自己的祖国。这条真理不会因时代的变革和社会的进步而有所改变。王承书同志始终坚持这样的信念，我们年轻的科学工作者也应如此。如今，我们正处在祖国经济飞速发展时期，社会主义物质文明和精神文明建设的艰巨任务历史性地落在了我们的肩上，把爱祖国、爱人民同发展科技事业有机地结合起来，弘扬社会主义、爱国主义、集体主义的时代主旋律，这应当成为全院职工的理想和情怀。

　　我们学习王承书，就要像她那样时时刻刻想着国家和人民的利益，时时刻刻关心我们的青年和未来。我们学习王承书，就要像她那样把对祖国和人民的热爱化作艰苦奋斗的工作热情，化作无私无畏的奉献精神，化作勇攀高峰、科学严谨的治学态度，化作谦虚谨慎、团结协作、乐于助人的高尚品格。从而为我院的科研和生产做出自己的贡献。

今年是我院建院 50 周年，回顾过去，以王承书同志为代表的老一代科技工作者为我们树立了榜样。展望未来，我院的科技工作者一定能够继承和发扬老一辈科学家的优良传统，踏着他们的足迹，去攀登新的高峰。力争在建院 100 周年时，把我院建设成为世界一流的研究院，我们将会为实现这一目标而不懈地拼搏奋斗！

院长

书记

2014 年 9 月

目 录

I

第 1 章

隐姓埋名三十年　献身国防作贡献

在小学语文 S 版 5 年级第 10 册第 5 单元中，有这么一篇课文《隐姓埋名三十年》，介绍了著名女科学家王承书的事迹，全文如下[1]。

1961 年春季的一天，当时的第二机械工业部副部长、著名科学家钱三强把年近五十的女科学家王承书请到自己办公室，神情庄重地说："祖国需要自己的科学家研制原子弹。这是保密性极强的工作，你将不能再出席任何公开会议，更不能出席国际会议。你愿意隐姓埋名工作一辈子吗？"

"我愿意！"王承书不假思索地说出这三个字，声音不高，却十分坚定。

这极为平常的三个字，对王承书来说，将意味着从此放弃自己熟悉而喜爱的专业，从此放弃科学家应有的学术待遇和荣誉，放弃一切名利，而不能像其他领域的功臣那样面对鲜花和掌声；不管为国家作出多大贡献，自己的名字也不会为人所知。

"名利"二字在王承书心中，一向是十分渺小的。她已经不是第一次放弃名利了。

青年时代的王承书，怀着一腔爱国热忱留学美国。她决心努力学习掌握国外先进的科学技术，将来报效祖国。在美国，她获得了博士学位，在稀薄气体等研究领域，取得了令世人瞩目的成就。

1949 年，当中华人民共和国成立的喜讯传到大洋彼岸，王承书和

1

丈夫张文裕（我国著名高能物理学家）毅然决定，放弃美国优厚的待遇和先进的工作条件，回到自己的祖国，为建设新中国贡献力量。

美国政府听说王承书要回国，立即派特务监视她的行踪，没收了她替中国科学院采购的半导体材料，还对她非法传讯；美国政府百般威逼利诱，企图阻止她回国。但是，王承书的决心一刻也没有动摇。

1956 年，王承书夫妇终于冲破重重难关，一起回到祖国的怀抱，在中国科学院工作。

当时，我国正在研制原子弹。原先中、苏曾有协定，由苏联专家帮助我国研制。但是，1960 年，苏联撕毁协议，撤走专家，带走全部资料，只留下一堆拆不走的机器和厂房。面对如此艰难的困境，我国政府毅然决定，依靠本国专家，艰苦奋斗、自力更生研制原子弹。

在研制过程中，有一项技术非常关键，那就是研究掌握浓缩铀-235 同位素。不掌握这项核心技术，就不能制成原子弹。

可是由谁来解决这一难题呢？于是，钱三强找到王承书。这对王承书而言也是难题，因为在她原来的研究领域中，没有涉及这个难题。再加上国外封锁，更是困难重重。从事这项工作，一切要重新开始。这需要牺牲自我的极大勇气！但王承书毫不犹豫地接受了这项艰巨而光荣的使命。

从此，王承书从国内、国际的物理学术殿堂消失了；从此，她再没有在国内外任何学术刊物上发表过论文；就是在我国内部保密刊物和工作报告中，她也不署名，实现了自己隐姓埋名的承诺。

王承书接受任务以后，深知责任重大，任务紧迫。因为党中央决定，力争在国庆十五周年前后，成功爆炸我国自制的第一颗原子弹。

虽然王承书从没接触过浓缩铀-235 技术研究领域，但她决心凭着自己坚实的物理学术功底，和大家共同学习，共同研究，攻克这个难关。研究这项核心技术，需要进行大量复杂的计算。为了获取精确数据，她和同事们克服设备简陋的困难，进行理论计算及复核。这种枯燥繁重的工作，她和同事们不分昼夜干了一年多，获取了大量有用的数据。她瘦弱而刚毅的身影，出现在实验室和工厂，出现在大西北的戈壁滩上。有时由于研究工作的需要回到北京，她也几乎没有时间和家人团聚，没有时间看看自己心爱的正在上小学的儿子。

1964 年元旦，高丰度的浓缩铀在王承书和她的同事手中诞生了！

1964 年 10 月 16 日，中华人民共和国第十五个国庆节后的半个月，刚刚平静的中华大地又沸腾起来。中国第一颗原子弹爆炸成功了！饱受帝国主义欺凌一百多年的祖国，终于有了自己的原子弹，中国人民怎能不欢欣鼓舞呢？

在举国欢庆的日子里，王承书也抑制不住心头激动，泪流满面。为了祖国国力增强，为了中华儿女扬眉吐气，她付出极大牺牲，作出了卓越贡献，是不折不扣的功臣；虽然她没能上台领奖，报刊的喜讯中也没提到她的名字，但她还是心甘情愿继续隐匿自己的姓名，继续为祖国核武器研制工作默默奉献。

王承书为祖国隐姓埋名三十年，直到逝世前，人们才在报纸上读到她的业绩，知道她的名字。王承书，这个书香气十足的名字，将永远在共和国的历史画卷上熠熠生辉！

这篇课文，简要地介绍了王承书隐姓埋名、献身国防作贡献的事迹。在人民网两院院士资料库中[2]，介绍的更加简单。

王承书，气体动力学和铀同位素分离专家。致力于稀薄气体动力学的研究，第一个发现求解玻耳兹曼方程的本征值理论，提出适用于多原子气体的推广的玻耳兹曼方程，即"WCU"方程。回国后，从事铀同位素分离工作，为中国铀同位素分离的理论研究奠定了基础，并培育了一支理论研究队伍。在研制我国第一颗原子弹的装料工作中作出了贡献。

1939 年王承书在昆明与从英国学成回国的西南联合大学教授张文裕结婚。婚后她的抱负丝毫未减，在张文裕的积极支持和她自己的努力追求下，1941 年美国密歇根大学（University of Michigan）的巴尔博奖学金破例地接收了一个已婚妇女的申请。1961 年王承书加入中国共产党。她是中国人民政治协商会议第三届全国委员会委员，第三届、第四届、第五届全国人民代表大会代表。

在中国妇联新闻网中[3]，介绍如下：王承书（1912.6—1994.6）中国科学院院士，理论物理学家。汉族，原籍湖北武昌，1912 年 6 月

26 日生于上海，1934 年毕业于燕京大学物理系；1936 年该校研究生毕业。1944 年获美国密歇根大学物理学博士学位，并入普林斯顿高级研究所和密歇根大学物理系相继进行理论物理方面的博士后研究。1946 年后主要在密歇根大学物理系进行有关稀薄气体输运过程的研究，第一次证明麦克斯韦尔气体线性化的玻耳兹曼积分算符的本征函数及相应的本征值，受到学术界的普遍重视。1956 年回国。历任中国科学院近代物理研究所（后相继易名为物理研究所、原子能研究所）研究员、铀同位素分离研究室副主任兼北京大学教授，第二机械工业部（后易名为核工业部）研究员、第六〇五研究所副所长、第三研究设计院革命委员会副主任、科技局总工程师及科学技术委员会常务委员兼清华大学、大连工学院教授。曾任中国物理学会常务理事，中国核学会常务理事兼铀同位素分离学会理事长、名誉理事长，"七五"国家重点科技攻关项目专家组组长，第三届全国政协委员，第三至五届全国人大代表等职。1959 年曾被选为全国群英会特邀代表，并曾获全国"三八"红旗手和核工业部劳动模范称号。

主要从事受控核聚变反应、等离子体物理、同位素分离等方面的研究，为中国核技术和国防科技事业的发展作出了突出贡献。在中国开创了受控热核聚变和等离子体物理等领域的研究工作，在扩散分离理论等研究方面取得丰硕成果，并领导和参与解决了一系列有实际应用价值的理论课题；根据扩大浓缩铀产量的需要，中国决定研制第一台大型扩散机，任命王承书为总设计师，王承书领导了扩散机的研制，亲自参加了参数选择等工作并取得了很好的成果，曾获国防科委特别奖和全国科学大会奖。1973 年以后，在领导气体离心法分离铀同位素的研究方面进行了卓有成效的工作。在培养众多的同位素理论研究人才方面作出了重要贡献。发表论文数十篇。

1980 年 11 月，当选为中国科学院院士（当时称学部委员）。

1994 年 6 月 18 日傍晚，王承书的生命走到了终点。82 岁高龄去世，也算是寿终正寝，可她的去世却在人们的心目中产生了强烈的震撼！当时的中国科协主席，著名核物理学家朱光亚，风尘仆仆地赶到王承书生前的住所，是第一个吊唁她的学者。

王承书去世后，诺贝尔奖获得者杨振宁发来唁电："痛闻王承书先生因病去世，王先生是优秀的物理学家，对祖国教育事业、科研事业、国防事业都有巨大的贡献。她的奉献精神和处世态度是我们的榜样。"

1994 年 6 月 24 日下午 3 时[4]，北京八宝山革命烈士公墓的第一告别室里，王承书静静地仰卧在鲜花翠柏丛中。身上覆盖着一面鲜艳的中国共产党党旗。

王承书的遗体告别仪式在这里举行。

中国核工业总公司的领导来了，科学界的同仁来了，王承书的学生来了，王承书曾经工作过的单位代表来了，人们从四面八方来了。预定只有几十人的追悼会，一下子涌来了几百人。

没有撕人心肺的号啕，没有惊天动地的哭泣，人们默默地擦着止不住的泪水，带着崇敬，深深地鞠躬，静静地从她身边走过。这静谧就像她的为人：清高孤淡，宁静致远；随风潜入，润物无声。

然而，在这静谧中，人们却仿佛听见了那滚滚的雷声，那振聋发聩的雷声来自那悠远的历史长河，来自她那不平凡的一生。

王承书去世后，《光明日报》在 1994 年 7 月 25 日头版头条发表纪念文章，并配发了"学习王承书"的评论员文章。在随后的 7 月 26 日和 27 日，《光明日报》在第 2 版刊发纪念文章并配发了王承书生前的部分照片。1994 年 8 月 24 日，《人民日报》刊发了"隐姓埋名一辈子"的文章，追忆我国同位素分离事业理论奠基人王承书。

王承书去世后，她的祖籍地武汉市在鲁迅广场上树立了王承书的雕塑，让人们永远记住这位为国防事业作出巨大贡献的一代功臣。

第 2 章

书香门第清隽秀 聪颖超群考贝满

> 这是一个丑小鸭变成白天鹅的故事;
> 这种转变不是缘于她的门第,
> 而是源于她的奋斗和努力。她所走的
> 路是那样的坎坷和艰辛……

王承书,原籍湖北省武汉市,1912 年 6 月 26 日,出生于上海市一个殷实的诗书之家。王承书的父亲是清朝后期的一名进士,曾被清政府派送到日本留学。民国初年,王承书出生不久,父亲出任"中华民国"政府内务部警政司司长兼警官高等学校教授,阖家迁居北京。

王承书的母亲何世瑛出身扬州的名门。何家的何园坐落于扬州市的徐凝门街 77 号,被誉为"晚清第一园"。何园的有名不仅在于其匠心独具的设计和优美的景色,它还是一个充满人文色彩的园子。园主何芷舠的孙子何世桢、何世枚两人曾经是美国密歇根大学的博士,创办了持志大学,是上海外国语大学的前身。园主何芷舠的孙女何世瑛是王承书的母亲。何氏后代中的院士王承书,是何芷舠的曾外孙女。此外,还有院士何祚庥等人。按照何园的介绍,王承书是何氏后代中的杰出代表[5]。

年幼的王承书清隽秀丽,聪颖超群。然而,这并没有给这个家庭带来多少欢乐。由于王承书出生前两个哥哥先后夭折而继王承书而来的皆是女孩儿，有着"重男轻女"浓厚封建意识的母亲便认为王承书是自己命中无嗣的"克星"，过度的悲伤和哀怨便统统迁怒于王承书，王承书成了家中最不受待见的丑小鸭。

浓重的封建阴霾笼罩着家庭。母亲的叹息、斥责，给王承书幼小的心灵上蒙上了忧伤的阴影，使她过早地失去了孩童的天真。她常常孤独地瞪着大眼睛出神地幻想着：假如我是个男孩儿，也许就不会这样。

世界上没有那么多的假如。面对接连来到世上的四个女儿，母亲无可奈何地认命了。父母分别取用《诗经》《书经》《礼记》《易经》里的字，给女儿们起名为承诗、承书、承礼、承易，希望女儿们熟读诗书，谙熟女红，成为大家闺秀，具有淑女风范。女儿们稍有越轨之举，母亲便加以呵斥，甚至动用家法，对女儿们进行"女子无才便是德"、"女人要靠男人来养活"的教育。使其安分守己地做孝女、当贤妻、为良母，这便是父母给女儿们定下的目标。

然而，历史毕竟走进了 20 世纪，这是一个伟大而动荡的年代。正如李大钊所说："20 世纪是被压迫阶级的解放时代，亦是妇女的解放时代；是妇女寻觅她们自己的时代，亦是男子发现妇女意义的时代。"科学和民主的新思想叩响了古老中国的大门，猛烈地冲击着东方最顽固的封建锁链。

当时，中国社会正发生着巨大的变化和动荡。资本主义在西方的兴起，科学文化的传入，强烈地撞击着王承书的幼小心灵。中国在变化，中国在动荡。这变化，这动荡，给王承书和她的姐妹们展现了一个广阔的天地。

王家对门的两个小姑娘上学了。王承书和姐姐听到这个消息，紧咬着嘴唇，想象着对门的两个小姑娘，是怎样背着书包，欢天喜地去上学。她们觉得自己的心好像也长上了翅膀，和那两个小姑娘一起飞走了，飞到了一片广阔神秘的天地。上学，那是个多么诱人的字眼；学校，那是个多么迷人的圣地。女孩子不是一样能去吗？她们不再幻想改变性别了，她们要改变命运！王承书姐妹们暗暗定下了自己的目

标：不靠男人养活，要自己学本事。为了学本事，她们吵闹着要上学。

当王承书和姐姐一起走进培元小学的大门时，犹如小鸟归林，心里升腾起一股挣脱枷锁的愉快。这里，没有白眼，没有呵斥，没有歧视，在知识面前，人与人是平等的。王承书贪婪地吞噬着书中的知识，以她的天赋才思和过人的智力，成了班里的佼佼者，得到了老师的宠爱。她勤于学而精于研，博闻强记。9岁读《四书》，10岁读《左传》《唐诗三百首》和《古唐诗注解》。

王承书自幼喜欢数学，很小便显示出数学方面的才华，数学计算特别好，家里买东西的钱数她很快就能报出。因此，"二小姐，算账"成了家人的口头禅。

然而，她也有不顺心的事，孱弱的身体，常常会使她中断学业。她不愿意落在同学后面。为此，她哭过、闹过。在青少年时期，王承书就逐渐滋生起追求妇女解放，摆脱封建束缚，探索科学真理，反抗不合理事物的倔强性格。她有一股不服输和自强不息的精神。

小学六年级因病休学一年。在培元小学校长室，瘦小的王承书端坐在校长面前，苍白的脸上显出大病初愈的虚弱，那一双聪慧的眼睛，仍闪耀着明亮的火星，一眨不眨地直视着校长。她紧抿的小嘴，干脆利落地蹦出了几个字："我就不去上六年级，我就要参加初中考试。"随即紧紧地闭起了嘴，嘴角有些下垂，她好像马上就要大哭起来。

校长慈祥地看着这个不到12岁的小姑娘，心里涌起一阵阵怜爱：她体质太弱了，每次有流行病，她总是第一个感染，最后一个好。就这样，她的学习成绩也一直名列前茅。这不，她因病休学整整一年，六年级没上，却偏要和同班同学一起考初中。校长连哄带劝："你六年级课没上，怎么考？考不上怎么办？还是回去再学一年吧。再说，你年龄还小。"

"不"，王承书明亮的大眼里含着泪水。在她看来，回去读六年级，那意味着"留级""蹲班"。她再也忍不住了，眼泪像开了闸的水，淌了出来。

校长面对大哭不止的王承书，无可奈何，退让地说："好了，好了，别哭了，去考吧。考不上，可别怪我。"

"真的?"王承书停止了哭泣，瞪大眼睛望着校长，当她从校长脸上得到满意的答复时，挂着泪珠的脸上，呈现了欢欣的笑颜。

1924 年，她如愿以偿，以优异的成绩考取了贝满女中。贝满女中是基督教的教会学校，北京最早的西式学校，也是北京最早的女子学校。1864 年由美国公理会创办。校训是"敬业乐群，求实进取"，学校的办学指导思想是全面育人。学校最早设在灯市口大鹁鸪胡同，1926 年搬迁到灯市口同福夹道，是北京 166 中学的前身。图 2-1 是当时贝满女中的照片。

图 2-1　贝满女中的照片

蜚声海内外的贝满女中，培养的英才遍及国内外各行各业。卫生部原部长李德全，著名作家冰心，上海复旦大学原校长谢希德，中国第一位南丁格尔奖章获得者王琇瑛，物理学家王承书，化学家蒋丽金，以及戏剧家孙维世，表演艺术家张筠英，钢琴演奏家鲍蕙乔等许多名人都曾在该学校就读。

1925 年，王承书升入贝满中学的第二年，上海发生了著名的"五卅"惨案；1926 年，北京又发生了著名的"三一八"惨案，学生们罢课、募捐，帮助死难者的亲属。在北京街头的学生中就有一个手捧募

捐箱，眼含热泪，跟在年长同学后面的小女孩儿，那就是王承书。两起事件，将强烈的反帝的民族主义情绪植入了王承书幼小的心灵。

在贝满女中，王承书的强项是语文和数学。在文言文向白话文转变的过程中，她对标点和符号的识别非常准确。在数学的王国里，凭借缜密的逻辑思维，她在做习题的过程中找到快乐。

她体弱多病，在初中三年级时因病休学一年，在姐姐的帮助下，却还偏要与同班同学一起参加升学考试，最终以优异成绩升入高中。

在上化学课时，她知道了当时有名的居里夫人（玛丽·居里，原名：Marie Skłodowska Curie，1867 年 11 月 7 日—1934 年 7 月 4 日）。而后特别崇拜，王承书明白了女人只有努力，才能干出大事来。居里夫人是波兰裔法国籍女物理学家、放射化学家。居里夫人在对铀的各种矿石研究过程中，发现了放射性元素钋（polonium）和镭（radium）。

1898 年 7 月，居里夫妇向科学院提交了《论沥青铀矿中一种放射性新物质》的论文，说明发现新的放射性元素 84 号，放射性比铀强很多倍，类似铋，居里夫人建议以她的祖国波兰的名字构造新元素的名称钋。从此居里夫妇密切合作，共同研究，建立了最早的放射化学工作方法。对于发现的新元素钋，玛丽·居里用波兰文在华沙《斯维阿特罗》画报月刊上发表了论文。居里夫人不仅刻苦努力，而且十分爱国。

通过对居里夫人的了解，王承书知道了科学研究没有国界，但科学家却有自己的祖国。在以后的学习中，王承书对居里夫人有了新的了解，知道了进行科学研究的艰辛和成功的欢乐。

居里夫妇对放射性进行了深入研究。居里夫人在所研究的各种放射性矿物质中，发现沥青铀矿的放射性要比铀盐的强几倍。她认为在沥青铀矿中一定含有某种未知的、放射性很强的元素。于是，她和她的丈夫皮埃尔·居里在实验室中用化学方法和测量放射性的手段，在成吨的沥青铀矿中艰辛地寻找这种微量的未知元素。

1898 年 12 月，居里夫妇和同事贝蒙特向科学院提交了《论沥青铀矿中含有一种放射性很强的新物质》论文，说明又发现新元素 88

号，放射性比铀强百万倍，命名为镭。

1903 年，居里夫妇和贝克勒尔共同荣获诺贝尔物理学奖。女人也能获得物理学最高奖，引起了王承书对物理学的兴趣。

居里夫妇花了 4 年的时间研究镭的放射性，并从 8 吨铀矿残渣中成功提炼出 0.1 吨的镭盐，从而得以测定它的原子量。推动了放射性现象的研究，开创了原子时代。

值得一提的是，在 1906 年皮埃尔·居里车祸身亡后，居里夫人强忍悲痛，继续从事放射性研究。1910 年，她分离出 0.1 吨纯镭金属，并确定了镭发射的 ß 射线就是原子束流。由于居里夫人取得的这些重大成果，1911 年她因分离出纯的金属镭而再度被授予诺贝尔化学奖，成为第一个在不同学科领域获得诺贝尔奖的科学家。居里夫人的忘我献身精神、严格的科学态度和她的成就一样，受到科学界的广泛推崇，也同样影响了王承书。

居里夫人曾经说过："我们应该有恒心，尤其要有自信心。"王承书一直以居里夫人作为自己顽强拼搏、刻苦钻研的榜样。

1930 年，王承书从贝满中学毕业。

第 3 章

大学保送进燕京　毕业考试列榜首

少年时代的王承书，在奔向自己目标的人生旅途中，就已经显示出了一种执著和不屈的精神。这种精神和她的天资，她的才华结合，就成为她的成功之本。

1930 年，王承书被保送到燕京大学。燕京大学（Yanching University）是 20 世纪初美、英基督教会在北京开办的一所著名教会大学。燕大校训"因真理、得自由、以服务（Freedom through truth for service）"在当时的历史条件下，特别是在 20 世纪 20 年代以后，教会大学在中国教育近代化过程中起着某种程度的示范与导向作用。因为它在体制、机构、计划、课程、方法乃至规章制度诸多方面，更为直接地引进西方近代教育模式，从而在教育界和社会上产生颇为深刻的影响。（燕京大学在 1952 年中国高等院校院系调整中，被撤销。原址现为北京大学）。

王承书面临着一次人生的选择。

在封建礼教统治下的旧中国，按常规，女子一般选择国文、家政这类专业。对此，王承书是不予考虑的。然而，数学、化学、物理，选哪一门学科，却使王承书举棋不定。她喜欢数学，很早就显示出数学上的天赋，然而她又感到数学应用面太窄。在选择终生奋斗目标时，王承书进行着一次严肃认真的思考。

她认为，当时世界上最先进的自然科学是物理学，而当时中国的物理学远远落后于世界。反复权衡之后，王承书选择了物理学。

　　物理学是人类现代文明的重要组成部分，是人类的物质创造和精神思考的成果，它伴随着文明的进步而不断发展，同时它强有力地推动了人类文明的进一步发展。可以说，物理学是现代人类社会最重要的学科之一，它不仅是各种宏伟的、精密的物质成果的直接基础，而且深刻地影响了人类的哲学观点、政治观点、经济和文化活动方式，重塑了人类对自身和对宇宙的认识。经典物理学作为物理学的重要分支起着基础作用，其功能和意义不仅完全具备上述的各个方面，而且具有自身的特点。

　　燕京大学物理系成立于 1926 年（见图 3-1），与清华大学物理系同时成立。1930 年，燕京大学物理系只招收了 13 名学生，其中，12 名是男生，王承书成为唯一的女生。而上、下两个年级中，都没有一个女生。

图 3-1　燕京大学

　　20 世纪是物理学发生伟大变革的年代，量子论和相对论的建立从根本上改变了人类的时空观、运动观与物质观以及对微观、宏观和宇宙观世界的认识。为半导体、集成电路、激光、核能利用等新技术的发展奠定了基础。

　　在物理系的基础课程中，有以数学分析为手段，完善的牛顿力学体系，经典的电磁理论，经典的热力学和统计理论。王承书在这些课

程中找到了兴趣，掌握了知识。

经典物理的知识体系发源于十五六世纪近代欧洲的思想革命时期。波兰的哥白尼（Koppernigk）首先提出"日心说"挑战宗教神学体系，开创现代天文学；与哥白尼同时代的德国人开普勒（Kepler）再接再厉，以严谨的数学语言对"日心说"做出了正确的、完整的描述，为这个理论奠定了更坚实的基础。意大利的伽利略（Galilei）承前启后，创立了现代自然科学研究的方法：对物理现象进行实验研究并把实验的方法与数学方法、逻辑论证相结合。美籍德国人爱因斯坦（Einstein）曾经评价伽利略的科学研究方法是人类思想史上最伟大的成就之一，是物理学的真正开端。

英国的牛顿（Newton）通过对从哥白尼到伽利略这些近代思想家的学说总结和继承，开创性地建立了一整套逻辑严密的理论体系，开始了物理学史上的第一个新纪元。牛顿建立了经典的绝对时空观，提出了关于引力的三大定律，揭示了光的颜色之谜，他发展了微积分等强有力的数学手段对物理问题进行严密的逻辑推理分析，自己制作望远镜和三棱镜等实验设备进行实验观察，这些方式为物理学的研究树立了最基本的规范。

牛顿建立的时空哲学观和力学体系是此后 200 多年物理研究的基础，法国籍意大利人拉格朗日（Lagrange）、瑞士人欧拉（Euler）、法国人拉普拉斯（Laplace）、法国人傅里叶（Fourier）、爱尔兰人哈密顿（Hamilton）等经典物理学家继续以数学分析为手段完善了牛顿力学体系。

牛顿理论体系及其产物也使得人类认识到物质运动的规律是可以掌握和利用的，对遥远宇宙和地外星体的理解改变了人类对其自身在宇宙中位置的认知，对生物的解剖分析和演化史的追溯完全改变了人类对自身的认识，人类开始摒弃宗教和教条主义、神秘主义和不可知论，对事物本源、运动规律、内在逻辑、相互联系的追求构成了理性主义和科学方法的基础，是推动现代人类文明进步的真正动力。

法国的安培（Ampere）、英国的法拉第（Faraday）、美国的麦克斯韦（Maxwell）等人创立并完善了经典电磁理论。

法国的卡诺（Carnot）、德国的克劳修斯（Clausius）、美国的吉布斯（Gibbs）、奥地利的玻耳兹曼（Boltzmann）等人则发展和完善了经典热力学和统计理论。

王承书进入燕京大学的第二年，"九一八"事变爆发了，基于爱国热情，王承书参加了罢课和游行。她积极地参加发报和测量学的学习，时刻准备投入到抗日的战斗中去。

1932 年，此时的燕京大学正逢鼎盛时期，它大量聘请中外著名学者来校执教。物理系聘请的是著名的英国学者班得先生（W. Band），王承书选修了他的"张量分析"课，并以大量独立演题的学习方法获得佳绩。王承书同时旁听数学系的课，也遇到了一位兼课的好老师靳荣禄先生。靳授课条理清晰，丝丝入扣。在他的启迪下，王承书领悟到数学不仅包含复杂的演算和推理，还需深奥的理论诠释和引导，数理研究还有许多未知的新领域。

在异性的包围中，封建家庭出身的王承书感到了孤独。原本沉默寡言的她，把头更深地埋入了书本。她常常跑到姐姐所在的实验室，在姐姐和那些关心她的大哥哥们面前，她才能恢复少女的天真。在那里，她认识了张文裕，张文裕比王承书高两级。大学毕业后，张文裕走上了燕京大学物理系的讲台。他那深厚的学识、清晰的逻辑、诲人不倦的精神，很受学生们的称赞。他讲课时，台下坐着一位身材修长、沉默文静的女学生，听得尤其认真，她就是王承书。

下课后，王承书或向张文裕请教问题，或是一起做实验。渐渐地，两人一起发表了论文《大气电位梯度的自动连续记录》和《萨金特曲线与核贝塔衰变理论》。不期而至的爱情使张文裕兴奋不已。1934 年，张文裕当了三年助教后，在研究生院毕业，获得硕士学位，并考取英"庚款"留学生。

所谓"庚款"就是八国联军侵华时，清政府与之签订丧权辱国的《辛丑条约》向帝国主义赔偿大笔军费。称为"庚子赔款"简称"庚款"，后其中一些国家发了"善心"，从庚款中拨出一部分作为培养中国留学生之用。考"庚款"留学生很难，通常一门学科每次只取一人，张文裕能考上"庚款"留学生，实属不易[59]。一天黄昏，他和王承书

在未名湖畔散步，突然说道：

"承书，我要走了。"

"到哪儿去？"

"到英国。"

"去多久？"

"很难说，少则四五年，也许更长。"

沉默了一会，张文裕又说：

"我考取了剑桥大学的研究生，要拿了学位才能回来。"讲到这里，他看了王承书一眼，鼓起勇气问道："你愿意等我 4 年回来再结婚吗？"

王承书情意绵绵地点了点头。

两个相爱的年轻人就这样分别了。

在燕京大学，王承书遇到了名师、物理系主任——谢玉铭教授。谢教授主讲过普通物理学、光学、气体动力论、近代物理学等许多课程[45]。他在多年教学经验的基础上编写了《物理学原理及其应用》教科书。此书的特点是把物理学基本原理和日常生活结合起来。他讲授普通物理学时，几乎每堂课都有生动且富有启发性的演示实验。这些实验是他不惜用很多时间和精力准备的。演示所用的仪器设备，许多是他亲自设计、制作出来的。这些实验很受学生欢迎。

谢教授对学生的实验操作和实验报告，尤其对于数据处理、结果讨论都有严格的要求。他规定助教指导实验前，必须自己动手做完实验全过程；对学生的实验报告要认真审阅，不合格者应退回重做。谢教授非常重视训练学生动手设计、制造实验仪器的能力。

谢教授强调要有独立钻研的习惯，逐渐克服那种一不懂，未经思考便发问，一不会做题，未经思考就查题解的坏毛病。王承书逐渐体会到，学习是艰苦的，而且唯其如此，当学有所得，在学习上独立捕获"猎物"时，心理上的愉快也是难以言表的。

作为物理系的学生，理论力学是一门主课，也是较难学的课。除了要求较好的数学基础外，还要求推理严密，应用灵活，学生一时不易入门。所以高年级同学中流传着一种说法："什么是理论力学呢？就是听讲起来很明白，但让做题时就不会的课。"王承书是少数不但能听讲明白，而且会做题的学生之一。

燕京大学的物理教学强调实验，在理论教学和实验教学的关系中以实验为主，要求学生了解每个实验的原理，掌握每个实验的方法，动手操作，获得数据，正确处理数据，写出合格的实验报告，并在定期举行的讨论会上作相应的报告，以培养学生的综合能力。

在该班 13 名入学新生中，王承书是唯一的女性。经过逐年淘汰，1934 年仅毕业了 4 名学生，王承书名列榜首，并获得了"斐托斐"金钥匙奖。王承书所在的这个年级毕业的学生，性别比例出现了奇迹般的倾斜。

1934 年，王承书大学毕业，毕业论文的题目是《大气污染变化的自动连续记录方法》（Automatic continuous records of the atmospheric potential gradient）作为优秀论文刊登在《物理学报》1934 年 I 卷第 2 期上。

大学毕业后，王承书又用两年的时间读完了研究生。在她读研究生阶段，恰遇谢玉铭教授 1934 年回校任教[45]。谢教授给研究生开设了量子电动力学课程，因为他在这方面进行了深入的研究，课讲得很生动，很受大家的欢迎。

谢玉铭教授对早期燕京大学物理系的建设和发展，作出了重要的贡献，为我国培养了许多优秀人才。

谢玉铭教授在燕京大学时，为物理系建立了一个木工室，聘请能工巧匠，指导高年级学生和研究生使用机床等加工设备，为论文中所需实验作准备。物理系许多仪器设备就是在他指导下制造出来的。1935 年左右，燕京大学物理系自制一台较大型的光谱仪，当时北平研究院物理研究所的研究人员给予很高的评价。

除了一般课程之外，物理系还开设高年级学生必修的课程"当代物理学文献研讨会"，由教师和研究生报告阅读文献的心得，以活跃学术气氛。

从谢玉铭担任系主任的 1929 年开始，到 1937 年共招收研究生 20 余人，其中不少人后来成为我国著名的物理学家，如孟昭英、张文裕、褚圣麟、王承书、卢鹤绂等人。当时物理系研究生的阵容特别强大，

与王承书同时攻读研究生的有袁家骝、毕德显、冯秉铨、陈尚义等十余人，后来他们相继成为国际知名学者、国内有关学科的奠基人。

燕京物理系研究生的毕业论文大都以实验为主。谢玉铭指导王承书进行物理实验，完成了研究生的毕业论文。1936 年，王承书研究生毕业，毕业论文的题目是《自动连续记录大气含尘率与气候的关系》（Automatic continuous records of the atmospheric dust content and its relation with the weather）。

王承书、谢玉铭《以连续记录器测定北平大气中的微尘含量》的论文，选为 1936 年七科学团体联合年会物理学组的中国物理学会论文。

通过几年的学习，王承书深深地爱上了物理学。对现代物理学中的三大基本守恒定律——动量守恒定律、能量守恒定律以及角动量守恒定律很感兴趣。这些定律最初是牛顿定律的推论，但后来发现它们的适用范围远远广于牛顿定律，是比牛顿定律更基础的物理规律，是时空性质的反映。其中，动量守恒定律由空间平移不变性推出，能量守恒定律由时间平移不变性推出，而角动量守恒定律则由空间的旋转对称性推出。这些定律形式完整，内容丰富。

20 世纪初，爱因斯坦发表狭义相对论、光电效应、布朗运动三篇传世之作。使人类进入了原子能时代和光电时代。狭义相对论发表初始，科技界大师多半还以惊愕不解和迷茫的眼光看待这位初出茅庐的青年，是爱因斯坦呼应了一代宗师普朗克黑体辐射中的量子论，同时也是普朗克发现了爱因斯坦，成就了科学史上的一代宗师。只有给科学家探索自由的创新空间，科学才能得以顺利的发展。

研究生毕业的王承书，已不是封建专制制度下那个畏缩的小女孩儿了。科学知识使她长起了天鹅的羽毛，她昂起了高贵的头。她用自己的奋斗，证实了索夫克勒斯的一句名言："妇女一同男人平等，就比男人强[4]。"

王承书在《中国科学院院士自述》中说："我的学生时代，正值中国外受帝国主义的压迫，内受军阀与反动政府的统治时期，由于对当时状况的不满，养成了很浓厚的民族主义思想和正义感[42]。"

第4章

走出校门遇乱世　积蓄力量等机会

> 一个女子在向事业冲击时，依赖的
> 只能是自己的信心、毅力和奋斗。

　　王承书手握着开启科学大门的金钥匙，踌躇满志，信心满怀地向着下一个目标进发了。

　　1936年，她走出校门，走上社会，等待着她的却不是一条铺满鲜花的路。

　　王承书研究生毕业的第二年，卢沟桥事变爆发了。战争、动乱，打碎了许多中国人的梦，也打碎了王承书的梦。她随着人流逃难，从北京到南京，从南京到扬州。

　　民国时期，王承书的外公何声灏曾率家人回扬州何园生活，王承书的母亲带着她们四姐妹经常回娘家，因此也常在何园居住。当时就住在何园玉绣楼楼下西端一套房间里。至今尚留下当年在何园生活时期的老照片。图4-1是王承书（中）1937年夏在扬州何园的老照片。

　　年少时的王承书装扮清爽，戴着一副圆眼镜让人记忆深刻。还是小姑娘的她，自由地玩耍于这里的山水亭台楼阁之中，何园的文化氛围深深地影响着她。居住在何园的日子里，她总爱手捧一本书，在小花园里一坐就是一下午，任凭姐妹们在一旁玩闹，都不舍得合上书本。

图 4-1　1937 年夏，王承书（中）在何园的老照片

1937 年 11 月，日寇南侵，王承书及四妹王承易随父母一起由何园往武汉撤离，为使生活有所寄托，王承书经人介绍到湖南湘雅医学院任讲师。武汉局势紧张时，又随学院一起迁往贵州。

当时医学院行政处得到教育部令，要求所有做导师的都要入国民党，不然就不能做导师。王承书最敬重、最爱戴的父亲辞官不做，为躲避迫害，四处漂泊，病死在汉口，使王承书深受震撼。她坚信"君子群而不党"，坚决地表示："我不要入国民党，如果入国民党是做导师的条件，那么就不做导师好了。"

她在徘徊中期望，在煎熬中等待。什么时候，命运女神能向她绽开笑脸，给她一个机会呢？

1937 年，由于战乱，王承书与未婚夫张文裕好长时间不通音讯，这使张文裕放心不下。1939 年，张文裕从英国学成回国，在西南联大担任教授。

张文裕获悉王承书在湘雅医学院教书（湘雅医学院那时已从湖南迁到贵阳），即赶到贵阳同阔别多年的恋人会面，几年离别之苦使两个志同道合的年轻人更体会到了团聚的喜悦，随后王承书从贵阳来到昆明。1939 年 9 月，在昆明的一个旅馆里，著名的物理学家吴有训博士

给他们主持了婚礼（见图 4-2）。吴有
训当时在西南联合大学任物理系主任、
理学院院长。

张文裕曾用名张少岳，福建惠安
人，1910 年 1 月 9 日出生，父亲张碧
泉在涂寨街经营"玉壶天药铺"，母亲
汪顺生下 8 个儿女，只留下老四文裕、
老五文珍、老六文硕。

1921 年，文裕上过两年私塾之后，
就到惠安时化小学（现惠安实验小学）
插班读四年级。1923 年小学毕业，以
出色的成绩，考进泉州培元中学。在此
期间，"五四"新文化运动的"科学救
国"、"教育救国"的思想深深地植根在

图 4-2　王承书与丈夫张文裕合影
（1939 年，昆明）

他的心田，使他能够在家境极端困难的情况下，坚持半工半读。

17 岁那年的一天，文裕的叔叔到了泉州，说其母亲病危，要他回
家。然而当他急匆匆地赶回家时，看到母亲身体正常，才知道父母为
了让他与童养媳"圆房"，撒了谎。张文裕虽是个孝顺的人，但对于这
场突如其来的婚事，则坚决不答应，他趁家里人没注意时，逃到崇武
半岛大岞村一所小学，一边教学谋生，一边自学中学课程。半年后，
回到母校，参加了毕业考试，并获得了好的成绩，但因为少上一学期
课，无法拿到文凭。正当他焦急万分之际，培元中学校长许锡安亲自
写信给他的同学、燕京大学物理系主任谢玉铭先生，极力推荐张文裕
以同等学力参加燕京大学入学考试。

1927 年夏天的一个早晨，17 岁的张文裕，穿着乡下母亲缝制的蓝
布裤褂，怀里揣着老师们凑的 20 元钱，只身一人踏上了去北京赶考的
路程。一路上，他赤着脚，用扁担挑着行李，从厦门乘船到上海，又
从上海乘船到塘沽。饿了就啃几口干粮；困了，把席子往甲板上一铺
就睡。经过好多天的漂泊与跋涉，终于到达北平。

满怀希望的张文裕千里迢迢，来到古都北平，岂知燕京大学考期

已过，一时不知如何是好。好心的谢玉铭教授经过一番奔走，为张文裕办好了补考手续。同时介绍他到一家皮革厂当学徒，为的是万一考不上，生活好有着落。张文裕深知这一切来之不易，白天，他到皮革厂里拼命地干活，刷皮子、洗皮子，什么脏活累活都抢着干。晚上，筋疲力尽地回到宿舍里，再点上小油灯看书，复习功课，直到深夜。

一个月以后，人累瘦了，眼睛熬红了，功夫不负有心人。幸亏校方看在谢教授份上，单独给他出题考试，最终被破格录取，踏进了大学门槛。

燕大的学生大多是家境优裕的"贵族"，像张文裕这样的穷学生极少。在4年时间里，每时每刻对张文裕来说，都饱含着辛酸和困苦。他不仅举目无亲，无依无靠，而且家里不能给半文的接济。

暑假里，他把铺盖送进当铺，换些钱当路费，到内蒙古河套一带当小工，挣些钱留着开学以后用，然后再把过冬的铺盖赎回来。

因为没有钱，他住不起学生宿舍，便和全校最穷的同学住在存放行李的地方。

经济拮据的张文裕只能靠节假日做工或在京同乡的帮助下维持学习、生活费用。几年中，张文裕秉持惠安人独具的"地瘦栽松柏，家贫子读书"精神，孜孜苦学。1931年大学毕业，留校当助教，同时在研究生院继续攻读，第二年提为教员。研究生院毕业后，他获得硕士学位。1934年，考取"英庚款"公费留学，获得赴英国剑桥研究生院深造的机会。

张文裕去了英国，带走了王承书的思念。在给未婚妻的书信中，张文裕介绍了学校的情况。英国剑桥大学是世界名牌大学，卡文迪什（Cavendish）（也译卡文迪许）实验室是当时世界上培养人才最有成就的实验室之一，也是世界上第一个既是教学又是科研的单位，卡文迪什实验室主任，从第1任到第4任都是世界闻名的科学巨匠。张文裕受业于卡文迪什第4任主任，核物理、原子物理和物质微观结构理论的奠基人欧内斯特·卢瑟福（Ernest Rutherford）门下。

卢瑟福是举世闻名的原子结构模型的发现者，原子核物理学的奠基人。张文裕到英国以后，在剑桥大学卡文迪什实验室拜见了这位大物理学家。

"密斯托张，你为什么要万里迢迢地来做我的研究生呢?"这时，卢瑟福教授已经年过花甲，他坐在牛顿坐过的椅子上笑着问道。

"教授，因为我的祖国核物理还不发达，所以我不远万里来向您求教!"张文裕用流利的英语，回答了卢瑟福教授的提问，给这位未来的导师深深地鞠了个躬。

"OK!"卢瑟福教授满意地点了点头，收下了他。

在给王承书的书信中，张文裕介绍了卢瑟福教授的情况。卢瑟福教授，被人们称为"奇才"。他的成就很惊人，科学家们称他的 4 个高峰是：发现放射性元素衰变规律；提出原子有核结构的理论；提出人工嬗变理论；发明用加速器进行核物理的研究。如果没有卢瑟福的这些成就，也许原子弹的爆炸和原子能的和平利用要推迟若干年。卢瑟福不仅自己获得诺贝尔奖，他培养的学生中有 11 个人获得诺贝尔奖，是迄今为止在世界上培养出诺贝尔奖获得者最多的一个人。爱因斯坦说："我认为，卢瑟福是我们时代最伟大的实验科学家之一。"而众多科学家则说："卢瑟福和爱因斯坦是我们时代两个最伟大的人。"

张文裕十分幸运地进入卡文迪什实验室。在卡文迪什实验室学习和工作很紧张，但心情愉快。因为和他一起做实验的那几位老师不仅工作认真，修养也很好。卢瑟福每星期到实验室一次，他一来就问学生看了什么书和杂志，有什么问题，不论问到谁，你必须说出新的看法，对和不对都没有关系，他以此来训练学生独立思考的能力，如果没有新的看法，他就很不高兴。研究生写出的论文，指导老师有时很容易通过，卢瑟福教授则一定要认真审阅和修改，直至满意后才推荐出去发表。他花很多工夫帮助别人作出成绩，但文章发表时却从不写上自己的名字，这已成为卡文迪什的传统，这也是张文裕十分佩服并告诉王承书需要继承和发扬光大的学术风格。

卢瑟福还有一个习惯，喜欢邀请他的学生到家里吃晚饭，喝咖啡，每次三四个学生，这是讨论物理问题最活跃的时刻，常常出现许多新的思想和观点。有时他的幽默和诙谐会使人捧腹大笑。有一次，他邀请几个学生到家里谈心，又做了游戏，每个人拿一根点着的火柴，绕

着大桌子跑，看谁跑的圈数多。一个女生跑得慢，他开玩笑说，你穿的裙子太长了，我来给你提着裙子就跑快了，惹得大家大笑，却被他的夫人说了一顿。气氛活跃和团结，使卡文迪什实验室像一个和谐的大家庭。张文裕晚年回忆在卡文迪什的学习和生活时说："一个研究单位的好坏，不在于出一两个人才，而在于建立一个优良的科学传统和学习环境"。能做到这一点，正是卡文迪什能持续地大批出人才出成果的最重要条件。

卢瑟福被公认为是20世纪最伟大的实验物理学家，在放射性和原子物理学方面，都做出了重大的贡献。他还是最先研究核物理的人。他的发现应用范围广泛，如核电厂、放射标志物以及运用放射性测定年代。他对世界的影响力极其重要，并且还将持久保持下去。他被称为近代原子核物理学之父。

在给王承书的书信中，张文裕谈学习情况，谈研究进展的篇幅多，这也引起了王承书对原子物理学的兴趣，十分关注卢瑟福教授研究方面的成果。

原子物理学是研究原子的结构、运动规律及相互作用的物理学分支。它主要研究原子的电子结构，原子光谱，原子之间或与其他物质的碰撞过程和相互作用。

1898年，卢瑟福到加拿大蒙特利尔麦吉尔大学担任麦克唐纳实验室的物理教授。他依放射性物质的贯穿能力将此分类为阿尔法（α）和贝塔（β）射线，并且完成放射性转变的学说。

1908年，因他证明了放射性是原子的自然衰变，获诺贝尔（Nobel）化学奖。

1909—1911年，卢瑟福在英国曼彻斯特大学用α粒子撞击一片薄的金箔，他注意到大部分的α粒子都能通过金箔，但却有八千分之一会回跳。他完成α粒子散射的实验，后称之为"卢瑟福散射"（又称为金箔试验）。

1911年，证明原子是由带负电的电子环绕带正电的原子核所组成。

1911年，卢瑟福根据α粒子散射实验现象提出原子核式结构模型。该实验被评为"物理最美实验"之一。

在卡文迪什实验室的两年多时间里，张文裕自己以及和同学合作发表了十几篇论文，其中重要的有《放射性磷-30 的形成》《放射性铝-28 的形成与镁-25 的共振效应》《高能光子和中子引起的放射性同位素》等，这些文章大都发表在很有权威性的《英国皇家学会会议录》和《自然》杂志。

在剑桥大学做研究生的 2 年多时间里，在卢瑟福教授的指导下，张文裕兢兢业业地从事着核物理方面的研究工作，在核物理的 3 个方面取得惊人的成就：核反应共振现象的研究、"锂-8"的产生和衰变的机制与"铍-8"的核结构、高能光子与中子作用下新放射性同位素产生过程的发现和研究。他和同学一起合作，共发表了十几篇论文。这些论文刊登在英国《皇家学会会议录》或英国《自然》杂志上，流传到世界各科研单位，引起国际核物理学界极大的反响和重视，也得到卢瑟福的赞许。张文裕完成学业的第 4 年，经剑桥研究生院同意，提前考试获得博士学位证书。

1938 年夏季的一天，剑桥大学的教授们济济一堂，听取张文裕毕业论文答辩。在一片掌声中，他兴奋地走到讲台上，用英语宣读了论文，论文的题目是"核反应过程的共振效应与人工放射性同位素的产生"，英国的物理大师们经过评审，一致通过授予张文裕剑桥大学博士学位。从这以后，年轻的张文裕受到国际核物理学界的瞩目。

1938 年 11 月，张文裕回到烽火连天的祖国。他到处找朋友、同事，要求奔赴抗日前线，结果四处碰壁。后来经过著名物理学家吴有训介绍，到成都四川大学任教授，半年后，又应西南联大聘请，任该校物理学教授。

王承书和张文裕结婚后，从贵阳来到昆明，这里远离战乱的纷扰，相比之下，婚后的生活要安定多了。

20 世纪初科学家们发现原子的结构和原子有核以后，就开始探索如何进一步搞清楚组成原子核的各种粒子的奥秘。那时还没有发明可以把原子核敲开而产生高能量粒子的加速器，于是，唯一的办法是利用宇宙这个硕大无比的"大加速器"来研究高能核作用。也就是说，

利用无限大的世界来研究无限小的世界。人们发现一种来自宇宙空间的高能粒子流，在时刻袭击着地球。它可以穿透很厚很厚的岩石，达到很深的地下。这种粒子流被称为"宇宙线"，它的每个粒子都很小，比原子的十万分之一还要小。它的能量却很高，以接近光的速度从宇宙空间飞来。科学家们研究出捕捉它们的仪器，用仪器记下它们是否已经"路过"，它们与其他"靶"粒子互相撞击之后有什么变化，留下什么样的径迹，以求搞清楚这些粒子的性质和内部世界，探测器中起主要作用的是云雾室。张文裕在卡文迪什实验室时，已做过这方面的研究。

西南联大物理系为张文裕配备了 3 个助手，他们自己制作工具，在一个仓库里测量宇宙线强度随天顶角和方位角的变化，居然获得成功。为此，张文裕在中国物理学会年会上专门作了报告。

张文裕和夫人王承书合作，分析了当时能够获得的核物理数据，分析了 β 衰变中禁戒衰变、容许衰变和核能等级的数据，将实验数据与费米（E. Fermi）、柯罗平斯基（E. Konopinski）以及乌伦贝克（G. E. Uhlenbeck）的 β 衰变理论作了比较[46]，取得了丰硕的成果。工作中得到赵忠尧和王竹溪的帮助，并将结果写成两篇论文，于 1942 年在《Science Record》上发表。

然而，王承书却常有一种怅然若失之感。她或呆呆地坐在桌前，望着一堆堆的书苦苦沉思；或站在窗口，默默地眺望远方。在婚后的脉脉温情中，她似乎感到了丝丝凉气；在蜜意柔情中，她仿佛品到了缕缕苦涩。结婚，难道真是女子一生的句号？王承书问自己。作为燕京大学有抱负、有理想的高材生，她忍受不了在家"当太太、靠男人养活"的安逸生活。这种生活对于她，无异于慢性自杀。

一位男教授看着烦躁不安的王承书，不解地说："张文裕又不是没钱，王承书还干什么事！"这话深深地刺痛了王承书。半个世纪以后，当王承书早已成为著名科学家，为核事业的发展作出了卓越贡献时，谈到这句话仍然是耿耿于怀，激愤之情溢于言表。

这样的话，十几年前母亲说过。30 年代末，一个受过高等教育的教授又旧调重弹。难道自己十几年的努力，十几年的奋斗，只不过画了一个圆圈？难道女子就是不能摆脱靠男人养活的命运？封建的链条啊，难道就这样牢不可破？！王承书不信、不服。她要尝试一下，再做一次努力！

在西南联大，张文裕开设核物理课程，名称是"天然放射性和原子核物理"。当时的中国大学能开出这样课程的人可谓凤毛麟角，因此特别吸引人。听这门课的多是研究生和助教，其中不少人后来成为中国乃至世界上著名的科学家，如杨振宁、唐敖庆、李政道等。

著名数学家熊庆来时任云南大学校长，他慕张文裕之名，通过华罗庚邀请张文裕到云南大学兼课。张文裕在云大物理系教的是光学。

1940 年，日本侵略军大举进攻缅甸，敌机也常轰炸昆明，西南联大不得安宁。人们常说，相爱者的心是相通的。张文裕不是那种把妻子打回厨房的封建卫道士。他理解妻子，看到妻子痛苦，他心里也不好受。"如果可能，出国吧！也许出国学习一段时间，回来后可以实现你的梦想。"张文裕劝慰着妻子。

是啊，居里夫人能离开波兰，客居法国，以她的成功，两次获得诺贝尔奖。科学没有国界，科学只注重实绩，而不强调性别。交谈中，夫妻俩的君子协定签订了：谁有机会，谁先出国。

有人坐等机会的垂青，当机会来临时，却因缺乏抓住的力量，永久地失去了机会。王承书不是这种守株待兔的人，她早就开始在联大听课，为抓住机会积蓄力量了。

第 5 章

出国深造有收获　博士论文受好评

1940 年的一天，王承书收到一封信，是她在燕京大学读书时的老师、物理系主任谢玉铭教授寄来的。谢教授具有强烈的民主意识，他对从逆境中奋斗出来的女子有着特殊的偏爱。他不仅支持自己的女儿谢希德致力科学并成为优秀的科学家，而且为一些女学生的求学奔走呼号。王承书作为燕京大学的优等生，深得谢教授的垂爱。他对王承书寄予很高的希望，给予特别的关心。谢教授告诉她："美国密歇根（也译密执安）大学（University of Michigan）有一对老夫妇捐了一笔款作奖学金，专门给亚洲有志的女青年留学之用。"教授希望王承书申请该项奖学金，并表示愿意做她的推荐人[4]，图 5-1 为当时的密歇根大学。

图 5-1　美国密歇根大学

　　如同久旱逢甘露，成天盼着机会，机会来了，王承书简直不相信这是真的。

　　巴尔博（Levy Barbour）奖学金是专门为东方女子设置的一种奖学金。曾经有一对在东南亚做过传教士的美国夫妇，他们亲眼目睹了东方妇女的悲惨境地，切身感到了东方妇女所受的重重压迫。他们同情东方妇女，希望她们能受到现代化的教育。回国之后，他们在密歇根大学设立了巴尔博奖学金。这项奖学金可以供一个人连续四年学习生活之用。这是王承书梦寐以求的啊！然而，巴尔博奖学金有一项规定：不给已婚妇女。

　　一些好心的人对王承书说："既然如此，你就别说你已婚，反正这也无关大局。"

　　"为什么已婚就不行？女子能否干事业，绝不是靠已婚与未婚来裁定的[17]。"王承书犟劲上来了。她直言不讳地给该奖学金委员会写了封信，坦率地告之自己是已婚妇女，按照规定是没有获得该奖学金资格的。但是她相信自己，如果获得了奖学金，一定可以做出成绩来。

　　不知是她的坦诚，还是她的执著；是她的才华，还是她的勇气，那些教授们在一位东方觉醒的、自信的妇女面前终于感动了。

　　1941 年 3 月，王承书收到了美国密歇根大学的录取通知书。1941年 8 月，29 岁的王承书，离开结婚不久的爱人，孤身一人登上了赴美的客轮。

　　客轮离开了祖国港口，王承书的心里顿时涌起一阵阵的酸楚和无限的眷恋。她站在甲板上，面前是浩瀚无垠的大海，身后是渐渐远去的国土和亲人。清癯的身影，在大海的映衬下，显得更加娇小、孱弱，然而，她那执著凝重的目光，那紧抿的刚毅的嘴角，却展现了她与命运一搏的决心。

　　王承书到美国不久，太平洋战争爆发了。美国人对中国人表现出一种同情。在王承书看来，这种同情无异于怜悯。这怜悯又难以掩盖那种对有色人种的歧视。这歧视像针一样深深地刺痛了她的心。

　　一次，王承书需要找间房子。在看了广告之后，选择了一处。当时，王承书已能讲一口流利的英语。她和房东通了话，房东一口承诺

下来。然而，当她去看房子时，房东一看来的是个东方妇女，便毫不犹豫地婉言谢绝了。这件事对王承书刺激很大。

王承书不需要怜悯，不希望同情，更拒绝歧视。这歧视在性别上，成为王承书的一种原动力。正是靠奋发图强的精神，她走进了科学的圣殿。这歧视在种族上，使王承书心中涌起更大的波澜。此时在大洋彼岸多灾多难的祖国和自己是那样紧密地联系在一起。王承书所代表的已不是孤零零的少女，争取社会地位，体现自身价值，不仅为自己，也为那永远不变的黄色的脸和赤诚的炎黄子孙的心。王承书把目光对准了科学。密歇根大学物理系是一个新兴的理论物理研究中心，她在博士阶段的研究方向是量子理论。她的导师是 G. E. 乌伦贝克［George Eugene Uhlenbeck（1900—1988）］。

G. E. 乌伦贝克 1920 年在莱顿大学毕业后师从埃伦费斯特（Ehrenfest）研究原子光谱，1922 年获硕士学位，1927 年获博士学位。在此期间，他与同学古德斯米特（Goudsmit S A）因 1925 年发现电子自旋而闻名于学界。1927 年赴美在密歇根大学任教，1939 年被聘为理论物理学教授。乌伦贝克是对 20 世纪物理学发展有杰出贡献的物理学家，是一个被人称为"没有得过诺贝尔奖的诺贝尔奖获得者"。他一生以作为埃伦费斯特的学生和玻耳兹曼的"徒孙"为荣，在统计物理特别是动理理论和布朗运动理论方面有重大贡献，对推动玻耳兹曼开辟的气体动理论发展起了特别重要的作用[32]。

经典物理体系的高度完善使得理论本身已经达到其能力边缘，而它催生的精密实验手段却发现了理论基础本身存在着重大的问题，这促使法国的彭加勒（Poincare）、丹麦的玻尔（Bohr）、德国的海森堡（Heisenberg）等人开始严肃地思考经典物理体系的基础是否正确。在对牛顿体系进行批判性重新检验的过程中引发了 20 世纪初的物理学革命。

20 世纪初期相对论和量子理论的出现使人们认识到了牛顿的时空观念和经典物理基础的局限性，物理学迎来新一轮快速发展。需要说明的是，虽然新的物理理论取代了旧理论的基本观点，但经典物理的价值却没有被否认，这是因为经典物理所确立的探索运动规律的精神、实验和理论的研究方式、以数学语言描述物理规律等原则具有永恒的价值，而且在一定的物理条件下经典物理依然是足够精确的理论，相对论和量子力学带来的修正不会影响具体的物理实践。

量子力学（Quantum Mechanics）是研究微观粒子运动规律的物理学子学科，它主要研究原子、分子、凝聚态物质，以及原子核和基本粒子的结构、性质的基本理论，它与相对论一起构成了现代物理学的理论基础。

相对论和量子力学再次重新塑造了人们的时空观念，赋予了"相对性与绝对性"、"时空与物质"、"确定性与不确定性"、"连续与非连续"等概念新的意义，经典体系里的物理概念和物理规律都可以在新的物理框架下得到检验和重新表述，它们在某种意义上被摒弃，却同时被保留并升级换代了。

随着量子力学对黑体辐射和原子光谱的完美解释，狭义相对论对电磁理论基础的完善和对质能转换的预言，广义相对论对行星进动的精确解释，新物理体系很快得到了人们的接受并作为物理研究的新基础。以此为出发点，在 20 世纪二三十年代，人类对自然的认知迅速发展，在微观上深入到原子和核子的层次，原子光谱得到清晰的理解，核物理现象和规律得到初步理解并且开始了核能的应用；宏观上则扩大到星系和宇宙尺度，以广义相对论为基础的现代宇宙学提供了关于宇宙长达 100 多亿年演化史的理论框架，对数十亿光年之远的星系观测前所未有地扩展了人类的知识，对黑洞的探讨则成了引力理论经久不衰的课题。

1943 年秋，张文裕接到美国普林斯顿大学的邀请，再次远涉重洋，到了美国，在普林斯顿大学专门从事核物理研究和教学，继续致力探索微观物质世界的奥秘。王承书和张文裕夫妇，他们虽然同在美国，但却分居两地，只有寒暑假才相聚到一起。而就在这仅有的相会中，他们也经常沉浸在物理问题的探讨和研究中。他们不是面对面地滞留在原地，而是肩并肩地奔向新目标。事业的粘连剂把他们的爱粘在了一起，目标的同心结把他们的情系在了一起。

1944 年，王承书进行了博士论文答辩。论文题目是《双原子气体

第二维利系数的量子理论》（The quantum theory of the second virial coefficient of the diatomic gas），学校的一个大厅里，几位答辩委员神色庄重地端坐着，给教室里增添了几分紧张。而王承书的导师乌伦贝克教授显得平静，甚至露出微微的笑意。他深知王承书的刻苦认真，深信她的聪慧和学识，对于这位东方女性的这次答辩，他是充满信心的。

王承书站在教授们面前，纤弱的身体更使她显得亭亭玉立。她对论文精辟的论述，侃侃的解说，如流的对答，很快得到在座教授们的赞赏和首肯。忽然，乌伦贝克教授的眉尖微微皱起，他感到王承书有一个问题提法不对，他想提醒王承书："No"，他对王承书说。王承书微微一怔，马上她明白了教授所指，心里坦然了。"Yes"，王承书解释似地回答。"No"，教授加重了语气，"Yes"，王承书也加重语气重复了一遍。"No"，"Yes"。紧跟着乌伦贝克教授三个"No"的是王承书的三个"Yes"。这使在场的教授们瞠目了。他们知道，乌伦贝克教授从 25 岁发现电子自旋以来，在学术界是颇有声望的。他一直以博学和治学严谨为人称道，一般学生是不敢对他反驳的，而这位瘦弱的东方女性，竟然在如此场合下顶撞老师，使他们为这位东方女性捏了一把汗。

然而，王承书对自己提出的这个问题，进行了详细地论证和说明。随着王承书的解释，教授的眉头慢慢舒展了。"你是对的（Yes, you're right）。"他坦率而满意地说。

王承书的博士论文受到好评，被一致通过。乌伦贝克走出教室门，来到王承书面前，由衷地对自己的学生说："恭喜你，你的论文和答辩非常好。"

王承书博士毕业后，又读了博士后。在博士后阶段，重点选修了统计力学。我们知道，热力学是一种唯象的理论。深入研究热现象的本质，就产生了统计力学。统计力学根据物质的微观组成和相互作用，研究由大量粒子组成的宏观物体的性质和行为的统计规律，是理论物理的一个重要分支。热学研究热的产生和传导，研究物质处于热状态下的性质和这些性质如何随着热状态的变化而变化。人们很早就有冷热的概念。利用火是人类文明发展史中一个重要的里程碑。对于热现象的研究逐步澄清了关于热的模糊概念（例如区分了温度和热量，发现它们是密切联系而又有区别的两个概念）。

宏观物体内部包含着大量的粒子。要研究其中每一个分子在每一时刻的状态实际上办不到。为了认识热现象的规律，也无需那么详细的知识。统计力学应用统计的方法，研究大量粒子的平均行为。20 世纪初，J. W. 吉布斯奠定了平衡态的统计力学的基础。它关于统计分布的基本假设是：对于一个具有给定能量的给定物理系统，各种可能状态出现的概率是等同的。热力学中的各种物理量以及它们之间的关系都可以用这种统计分布的平均值表达。温度一方面同物体内部各分子无序运动的那部分能量有关，另一方面也决定了这种内部能量在物体内部运动状态之间的分布。

（Kinetic theory）过去被译为“运动论”或“动力论”，这里按中国物理名词委员会新审定的译法[32]，译为“动理（理）论”。

气体分子动理论就是用统计的方法研究气体中大量微观粒子（分子）的运动，从而得出气体宏观属性规律的理论。气体的宏观属性可用分子的速度分布函数求得。所以，求解分子的速度分布函数就是这一理论的核心[20]。1872 年玻耳兹曼（Boltzmann）导出了速度分布函数必须满足的非线性微分-积分方程，即著名的玻耳兹曼方程（Boltzmann equation）。

由于王承书的导师乌伦贝克是玻耳兹曼的“徒孙”，也引起了王承书对玻耳兹曼理论研究的兴趣。研究玻耳兹曼理论就要研究玻耳兹曼方程。玻耳兹曼方程是经典粒子牛顿力学运动模型，和能态跃迁的量子力学模型相糅合的产物。如果忽略所有的相干效应，经过一定的简化，可以从量子输运模型中推导出玻耳兹曼方程。经典的输运理论建立在玻耳兹曼传输理论的基础上，玻耳兹曼理论的基本假设包括：

1）电子和空穴都是微小粒子；

2）粒子之间各自独立，没有相干性，通过散射互相作用；

3）粒子可以用布洛克（Bloch）理论描述；

4）散射是一种瞬态行为，没有时间和空间上的持续性；

5）只考虑两个粒子之间的散射，不考虑多个粒子之间的共同作用。

玻耳兹曼方程又称为玻耳兹曼输运方程，它就是分布函数法中所采用的一种方程，即是非平衡分布函数 $f(k, r, t)$ 所满足的一个方程，求解此方程可得到不同条件下的 $f(k, r, t)$，然后即可求出电子的各种输运参量。

玻耳兹曼方程提出后，当时无法求解，直到 40 多年后（1916 年）查普曼（S. Chapman）和恩斯科格（D. Enskog）才第一次给出在一般情况下求解的一种方法。即将分布函数展开成克努森（Knudsen）数的幂级数的逐级近似方法，其一级近似所得的流体动力学方程，就是通常适用于连续介质的纳维-斯托克斯（Navier-Stokes）流体动力学方程组。对纯分子流区得出了明确的解。而对处在两个极端之间的过渡区，即稀薄气体区则最难求解，此时必须考虑高阶项的作用。

1935 年，伯纳特（D. Burnett）导出了二阶近似的流体动力学方程，即伯纳特方程[20]。王承书和其导师就是致力于在稀薄气体区中用查普曼—恩斯科格的方法研究气体的运动特性，从而试图解决求解过程中的收敛问题和边界条件问题。

玻耳兹曼输运方程中考虑到载流子的速度分布和散射的方向性，因此，较为精确。

在有电场或温度梯度等外场的情况下，根据分布函数因电场、磁场、温度梯度等外场而引起的漂移变化以及因散射而引起的变化，即可建立起玻耳兹曼方程，其中的散射项对应是一个对散射概率的积分，由于玻耳兹曼方程是一个微分-积分方程。该方程的求解很复杂，通常采用近似方法，常用的一种近似方法就是弛豫时间近似。

玻耳兹曼方程是一个高维的方程，三维波矢空间（k），三维实空间（r），再加上一维时间（t），难于求解，常用蒙特·卡罗方法（Monte Carlo method）来模拟。蒙特·卡罗方法是 20 世纪 40 年代中期由于科学技术的发展和电子计算机的发明，而被提出的一种以概率统计理论为指导的一类非常重要的数值计算方法。与它对应的是确定性算法。蒙特·卡罗方法在金融工程学，宏观经济学，计算物理学

（如粒子输运计算、量子热力学计算、空气动力学计算）等领域应用广泛。

王承书一方面贪婪地汲取着世界最先进的科学知识，靠自己坚韧不拔的努力和卓越的成绩，赢得了同学们和导师的赞誉和刮目相看；另一方面热情关心着刚从国内去的年轻人，经常参加"同学会"组织的活动，帮助年轻人解决各种难题，成为中国留学生中可亲可敬的"老大姐"。

1946 年 9 月，朱光亚进入密歇根大学，从事核物理学的学习和研究。在这里，他一边作为吴大猷的助手做理论和计算研究，一边在研究生院学习核物理实验技术，攻读博士学位。在密歇根大学，朱光亚遇到了在西南联大读书时相识的学长王承书。人在异国遇故人，真是分外的欣喜与亲切。当时他们除了叙旧，也交流了来美国后的一些学习情况。在王承书的建议下[23]，朱光亚选择了有实践经验、动手能力强的青年物理学家威登·贝克（M. L. Wieden Beck）副教授做自己的博士生导师，学习实验核物理专业。由于学习目标明确，加上朱光亚学习一贯勤奋、刻苦，所以，他的学习成绩全是 A，并连续 4 年获得了奖学金，很快取得了优秀的研究成果。

1946 年，杨静远在密歇根大学英语文学系读硕士研究生，她经常看到一位生活"单纯"到了机械化程度的人，上午去物理系她的办公室，埋在纸堆里，中午去 League 自助餐厅吃饭，下午照样，晚上只回宿舍睡觉。课余爱好很少，最多看个电影。看她这样生活，杨静远越发好奇，就上前进行打探。1948 年 6 月 4 日，她们在交谈中知道，她叫王承书，是结婚已近 10 年的人，她和先生是建立在互敬互慕和共同事业基础上的纯学者型婚姻。张文裕的工作地点在纽约附近，王承书则在芝加哥附近。由于分居两地，一年中只有寒暑假才在一起。那年（1948 年）她 36 岁，为了各自的事业，他们一直没要小孩。

1948 年，王承书应聘到普林斯顿研究所工作，与到访的日本著名物理学家汤川秀树进行学术讨论，建立了友谊。王承书曾经与汤川秀树和夫人一起在美国普林斯顿高级研究所合影（见图 5-2）。

1948 年，王承书通过慎重的、反复的分析和推算发表了《稀薄气

体输运现象》的论文，指出纠正了查普曼（Chapman）—考林（Cowling）的力学名著《非均匀气体的数学理论（The mathematical theory of non-uniform gases）》第一版中关于伯纳特结果的重要错误，指出书中展开到二级近似所得的系数 θ_2 和 θ_5 有误，并给出了正确的结果。并把它应用于声的传播中，与前人按原书中所得结果正好相反。事后该书作者在第二版中按王承书的计算结果进行了更正。王承书在求解声波的色散和吸收问题中发展了三阶，甚至部分四阶近似的流体力学方程，扩展了玻耳兹曼方程的应用范围。

图 5-2　王承书（左 1）与诺贝尔物理奖获得者汤川秀树（右 1）
及其夫人（右 3）合影（1948 年，美国）

1946 年，钱学森与尚贝格（Schanberg）在计算空气中声波色散时[71]，由于选择的系数有误，使他们的计算结果只有实际值的 1/6 ～ 1/7，从而使他们得出色散效应观察不到的错误结论。1948 年，按王承书经过计算和实验得出的系数，修正后的结果表明，这一效应属实验可观察范围[32]。

1950 年，他们爱情的结晶，一个男孩在安阿堡出生了。38 岁的王承书初次尝到了做母亲的欣喜。小小的新生命给王承书的生活增添了新的内容。儿子名叫张哲，就是希望他以后能懂事、明理。

　　孩子的出生，并没有中断王承书的研究工作，她经常用小车把孩子推到外头晒太阳，自己就开始了工作。孩子稍大一些，她就在孩子面前放上一堆书，自己也捧着书坐在旁边，母子俩共同沉醉在自己的天地中。

　　为了共同照料孩子，张文裕申请到距离王承书母子较近的印第安纳州的普渡大学（Purdue University）去教书。在普渡大学，张文裕认识了在那里读博士学位的邓稼先，并建立了很好的关系。

　　1951 年，王承书与导师合写的论文《稀薄气体中的输运过程》在纽约美国物理学会上被列为特邀报告。

　　王承书的研究成就对当时从事高空物理和气体动理学研究是极有价值的。但由于某些原因，论文未能及时发表，直到 1970 年乌伦贝克在美国为她公开发表。王承书的研究成果已在美国、俄罗斯、意大利许多著名学者的著作中被多次引用。

　　王承书在美国期间主要从事气体动理论（也译为运动论）的研究，发表了多篇当时这一领域处于世界前沿的重要论文。1980 年乌伦贝克在流体力学年鉴上发表文章，对他与王承书在这一时期中的研究作了回顾和高度评价。

　　非平衡统计力学所研究的问题复杂，直到 20 世纪中期以后才取得了比较大的进展。对于一个包含大量粒子的宏观物理系统来说，无序状态的数目比有序状态的数目大得多，实际上多得无法比拟。系统处于无序状态的概率超过了处于有序状态的概率。孤立物理系统总是从比较有序的状态趋向比较无序的状态。在热力学中，这就相应于熵的增加。

　　处于平衡状态附近的非平衡系统的主要趋向是向平衡状态过渡。平衡态附近的主要非平衡过程是弛豫、输运和涨落。这方面的理论逐步发展，已趋于成熟。人们对于远离平衡态的物理系统如耗散结构等进行了广泛的研究，取得了很大的进展，但还有很多问题等待解决。在一定时期内，人们对客观世界的认识总是有局限性的，认识到的只是相对的真理，经典力学和以经典力学为基础的经典统计力学也是这样。经典力学应用于原子、分子以及宏观物体的微观结构时，其局限

性就显示出来，因而发展了量子力学。与之相应，经典统计力学也发展成为以量子力学为基础的量子统计力学。

王承书的研究工作取得了可喜的收获，她年年都有新的成果，新的报告，就连她生孩子的那一年，也发表了两篇学术论文。她的研究工作涉及核物理、稀薄气体动理论、统计力学。

她与导师乌伦贝克一起进行研究，考虑到多原子气体分子除了有半动能外，还具有转动能、振动能等内能，在碰撞中，它们可与半动能相互转换。王承书与乌伦贝克写出了具有内能的气体分子的半经典的玻耳兹曼方程，并给出输运系数的形式解，完成论文《多原子气体的热传导和粘性》。后来普遍被人们称为"WCU（王承书—乌伦贝克）方程"。

1952年，王承书写出了《论声音在单原子气体中的传播》论文，第一个证明麦克斯韦（Maxwell）气体线性化的玻耳兹曼微分积分算符的本征函数就是索南多项式，并求出它本征值的谱。王承书的研究，受到了学术界的重视。

她成功了。一个弱女子，用自己的奋斗，走向既定的目标，她向社会证明了她的价值，她的存在。

第 6 章

想回国归心似箭　受限制遇到麻烦

　　在第二次世界大战战火正酣的时候，张文裕几经周折到达美国。张文裕选择了普林斯顿大学。在巴尔麦（Palmer）实验室的头两三年，他主要从事核物理的研究，曾与罗森布鲁茵合作，建立了一台 α 粒子能谱仪。后三四年张文裕主要研究宇宙线介子与核子的相互合作用。那时国际上很重视这方面的研究。

　　二战结束后，以美、苏为首的两大阵营开始了冷战，1946 年美国散布着令人胆寒的"μ 子武器"的威胁。张文裕通过实验结果否定了"μ 子武器"的谣传。

　　在对 μ 子的进一步研究中，张文裕从 2 160 小时拍摄的云雾室照片中，看到 7 张预示新现象的照片，通过研究发现"μ 子"距离核更近。如果利用它作为探针，去研究原子核，会更直接更方便。这是研究原子核物理的新途径。妻子王承书分享了这一研究成果，为她后来回国在原子能研究所从事热核聚变和铀同位素分离研究打下基础。

　　张文裕在实验室里，把通过多板云室拍摄的一张张留下低能宇宙线介子轨迹的胶片，反复地观测和计算着它们的能量、质量和衰变的情况。有一天，他发现负 μ 子停止在薄板上的径迹旁边有各种低能电子的径迹。他继续观测并再次计算这些意外电子的能量，结果表明：它们是由负 μ 子在核周围轨道间跃迁时放出的辐射所引起的电子。这

直接说明宇宙线介子不是人们一直认为的强相互作用的粒子，低能负宇宙线 μ 子可以被原子核俘获，它和有关的核可以组成一个隐时的原子，即所谓 μ 原子，和普通原子的电子相似。

为了慎重起见，他没有立即公布这个重要发现，而是继续实验，反复验证各种数据是否正确。多次实验的结果表明，上述现象确实存在。1948 年他先在美国《物理评论》上第一次公布，1949 年初又在美国《近代物理评论》上发表较为详细的论文。以后就这方面研究他共发表十几篇重要论文。这一次发现，突破了卢瑟福-玻尔原子结构模型，开拓了奇异原子物理这一新领域，张文裕成了这一领域的先驱者。

1949 年，普林斯顿大学著名现代物理教授惠勒发表了《μ 子和核相互作用的一些结果》一文，指出张文裕的这个发现说明"不仅 μ 子具有绕核的玻尔轨道特征，而且它通过与原子的寻常相互作用而被俘获到这些轨道内，这是与核产生任何其他特殊反应的先行者"。他最早公开肯定了张文裕的发现。

1949 年，张文裕在普林斯顿大学见到了爱因斯坦，并在一起讨论物理问题。张文裕很高兴，就把这一消息告诉了妻子王承书。王承书知道，爱因斯坦是现代物理学的开创者和奠基人，爱因斯坦的想象力之丰富和学识之博大精深，在同时代科学家中是无与伦比的。

1953 年，美国哥伦比亚大学建成世界第一台强流高能加速器。不久，科学家们在这台加速器上所做的一项实验证实：负 μ 子在原子核旁边周围确实有轨道，在轨道间跃迁时能辐射，可以成为一个临时的原子。科学家们建议把这种原子命名为"张原子"，相应的辐射为"张辐射"。μ 子的发现对研究原子核结构具有十分重要的科学意义[46]。

对于张文裕这一重要发现，当时就有多位物理学家用不同方法对 μ 子进行检验，确认"μ 子"这一物质新形态。作为这个领域的开拓者，张文裕在国际科学界享有盛誉。

第二次世界大战之后，美国的科学技术、教育、工业等各行各业迅速发展，经济繁荣。到 1953 年，张文裕在普林斯顿这座名城已经定居 10 年了。随着"张氏原子"的发现，他的科学成就早已闻名世界。按美国法律规定，连续居住美国 5 年就可申请加入美国国籍。但他与夫人王承书却不加入美国国籍，决心随时回归故里，报效祖国。

新中国的诞生，强烈地激起王承书报效祖国的赤子之心。她坚定地表示："虽然中国穷，进行科研的条件差，但我不能等别人把条件创造好，我要亲自参加到创造条件的行列中。我的事业在中国"。

新中国诞生后，在美国留学的成百上千名留学生，打着标语牌，喊着口号从四面八方涌上街头。标语牌上写着：

"我们要回家！"

"反对美军侵略朝鲜！"

"青春结伴好还乡！"

就在一批又一批中国留学生到白宫前面的草坪上静坐示威的时候，张文裕和王承书也在筹划着怎样尽快回到新生的祖国。然而，由于朝鲜战争爆发，使得他们的申请一次次受挫。当时，美国政府为了对新生的中华人民共和国实行封锁，作出了明确规定：凡是学理、工、农、医的科学家都不允许回国。这样的规定，紧紧地锁住了王承书一家。

那时在美国的中国科学家组织了"在美科学工作者协会"，张文裕是组织者之一，后来担任该协会主席。其时，以杜鲁门为代表的美国当局对"在美科学工作者协会"进行了"调查"。恶劣的政治气候，使张文裕人身自由受到限制，但他泰然处之。

1954 年，周恩来总理在日内瓦会议上义正词严地质问美国国务卿杜勒斯："为什么公然违反国际惯例，扣留在美的中国科学家不让回国？"在世界舆论的谴责下，美国政府不得不逐步解除禁令。

1954 年年底，拉布拉多的寒流侵扰着美国东北部的这个州，一片冰雪凋零。

王承书走在大街上，一双秀眉打了个结，聪慧的双眼透出忧郁。只有紧抿的嘴角仍然显出刚毅和决心。她紧裹了一下身上的大衣，仿佛要驱走这严寒，然而，她心中的寒冷却甚过天气十倍百倍。

图 6-1 为王承书、张文裕夫妇俩的合影。

图 6-1　王承书和张文裕在一起

　　王承书夫妇不甘心，千方百计寻找回国途径，可对他们夫妇来说，回国的路条条都是死胡同。这一拖就是五年，人生能有几个五年？王承书怎能不焦虑？

　　突然，邮局门口的一个通知吸引了王承书的视线。她奔上前，以科学家的敏捷迅速浏览了全文，又以理论工作者的严谨细细咀嚼着每一个字。她聪慧的眼中放着光，清秀的脸上泛起红晕。这张通知犹如春风，吹散了拉布拉多的寒流，压倒了凛冽的西风，使王承书心中涌起一股暖流[4]。

　　原来，经过周恩来总理在日内瓦会议上的努力，中、美两国就中国科学家回国问题达成了协议。通知中清楚地写道：凡是愿意回国的中国人都可以回去，如有什么困难，可以找印度驻美国大使馆帮助解决。

　　通知使王承书兴奋不已。回家后，她马上和张文裕商量，当天晚上，就写了回国申请。

　　回国前，王承书夫妇因为在物理学方面颇有建树，有很优厚的物质生活。住的是宽敞的洋房，家里有两辆小汽车，有电视机，有电冰箱。王承书后来回忆说："当初，我回国的唯一原因，不是我不爱美国的优厚生活，而是我更爱自己的祖国[17]。"

尽管美国政府不会轻易放他们回国，王承书还是开始为回国做准备了。

每当夜深人静，万籁俱寂，儿子进入梦乡时，她就开始整理书籍。她细心地将书刊登记后，按投递标准 6 磅一包地打成小包裹。白天，她分别从几个邮局，将书寄到北京的姐姐家。一年的时间，300 多个邮包从美国寄到了北京。这近两千磅的书刊，都是极其宝贵的资料。这 300 多包书，饱含着一个科学家的赤诚。

然而，一年过去了，回国申请如石沉大海，杳无音信。而对张文裕的控制却日见严密了。美国政府要求每季报告一次张文裕的行踪，还要有别人的证明。

他们在监视中等待，在无望中期待。

终于有信了。王承书迫不及待地打开。读着，读着，她的脸色因愤怒由红变白，由白变青；拿信的手在颤抖，浑身在颤抖；这简直是故意刁难！信中说道：你们俩人可以回中国去，但你们的儿子是美国人，我们不能给一个美国公民发去赤色中国的通行证。

王承书夫妇怒不可遏。他们找到印度使馆，申明：儿子的护照我们不要了，但我们一定要把儿子带回中国去。

在印度使馆的帮助下，王承书夫妇终于得到了回国的允许。他们收拾好了 10 个箱子，托运到旧金山，其余的家庭用品，包括电视机、电冰箱和两部小汽车来不及卖，全部"送"给了别人。

落叶归根，本是喜事，但他们为了免除麻烦，不敢对别人讲，只有少数几个好朋友知道。

一天，美籍华人朋友王浩前来探望。交谈中得知张文裕为祖国买了一些半导体零件要带回国。王浩沉思一阵，对他们说："你们目标太大，这东西肯定带不走。我正好要到英国去，将它交给驻英代办处，再由他们送回国，怎么样？"

王承书夫妇感到言之有理，就收拾了一个手提箱，交给了王浩。

王浩带着这个手提箱从纽约上船去英国。这件事不知怎么让联邦调查局知道了。王浩乘坐的船已经驶到公海，美国当局还是派军舰追

了上来，搜走了手提箱。

王承书夫妇携子从中部到西海岸上船。当他们接到王浩发来的电报时，心里一沉，预感到更大的麻烦在等着他们。

果然，在他们上船的前一天，美方突然提出要检查他们的行李。货场上，他们的行李已被单独地挑出，放在一边，地上用红笔写着大大的"Reds"（即"赤色"之意）。

所有的东西被打开了。检查人员一边检查，一边叽咕着："No here, No here."东西翻遍了，他们转过头来，冷不防问了句："你们有铀没有？"

"铀？"王承书夫妇一下子明白了盘查的真正用意，他们几乎同时想起一位美国教授不久前讲过的话："知道为什么不让你们回国吗？你们回去后就是潜在的原子弹制造者。"

"没有。"王承书很干脆地回答。

"不，妈妈，咱们有铀"。儿子在一边接上了话。

王承书吓了一跳，这时，任何不慎都会酿成大祸啊！当她看到儿子拿出他的一套化学玩具时，拍拍儿子的头笑了。

铀（Uranium）是原子序数为 92 的元素，其元素符号是 U，是自然界中能够找到的重元素。在自然界中有 3 种同位素存在，均带有放射性，拥有非常长的半衰期（数亿年 ～ 数十亿年），地球上存量最多的是铀-238（占 99.284%），其次是可用作核能发电的燃料铀-235（占 0.711%），占天然铀最少的是铀-234（占 0.005 4%），铀拥有 12 种人工同位素（铀-226 ～ 铀-240）。1789 年，克拉普罗特（Klaproth）发现了铀。1896 年，发现了铀的放射性衰变。1939 年，哈恩（O. Hahn）和斯特拉斯曼（F. Strassmann）发现了铀的核裂变现象，自此以后，铀就变得身价百倍[72]。

事情并没有结束。

第二天早晨 7 点钟，两名不速之客来到了王承书夫妇居住的旧金山青年会馆，不由分说地"请"走了张文裕。

扣压？绑架？勒索？王承书紧紧搂着儿子，紧张、焦虑占据了她全部身心。她望眼欲穿，一小时，两小时……11 点，12 点，可张文裕还没回来。"他还会回来吗?""他去哪儿了!""他不回来怎么办?"…
"我们还能走吗?"王承书的头嗡嗡作响,儿子懂事地依偎在身边,钟
表的嘀嗒声,犹如重锤,一下一下敲在心上。

直到下午 1 点多,张文裕拖着疲惫的身子推开了房门。这几个小
时里,他受到车轮战似地盘问:"你为什么要回北京?""你在美国和谁
联系过?"面对恼人的盘问,张文裕就是一口咬定:"我回中国探望父
亲,王承书回国探望母亲。"王承书从张文裕的目光里明白了一切。而
这时离开船仅有两小时了,他们顾不得细谈,直奔码头。

路上,迎面来了一个陌生人。"恭喜了,你们就要回国了。"他皮
笑肉不笑地对王承书夫妇说,"你们想回来时,随时可以打一个电话。"
说着递过来一张名片。

"妈妈,为什么离开美国这么难,回来却那么容易呢?"天真的儿
子不解地问。

为什么? 怎么跟儿子说呢?

在他们搭乘的克里夫兰总统号轮船即将起航时,王承书拉起儿子
急急忙忙走上舷梯。一推开舱门,他们愣住了。里面早有 3 男 1 女在
等着,其中有一位华人翻译。他们见王承书夫妇进来,走上前去说:
"对不起了,我们要搜查一下。"

这些穿着深蓝色制服的彪形大汉,是美国移民局和联邦调查局的
特工人员。这是一帮职业老手,搜查非常仔细。连鞋底和按西方风俗
绝不可以翻动的妇女手提包都细细地搜过了。他们从王承书的手提包
翻出了寄书目录和一封私信。

"你们寄了这么多书回中国,是违法的,你们不知道吗?"那个领
头的翻看书单,乜斜着王承书。

"我是通过贵国邮局寄的,要说违法,贵国邮局首先要承担责任。"
王承书理直气壮地顶了回去。

从王承书的手提包中搜出了一封私信,信是一位一年前回国的同
事写的,其中,谈到了新中国的情况,虽然信是很普通,但其中的几
句话却完全可以作为美方扣押他们的口实,王承书感到浑身发冷。

翻译一句句地为 3 位美国搜查者译着英语,快到那几句话了,王

承书的心抽紧了，整个身子如同通上了电流。

翻译突然停下来，看了王承书一眼，接着又继续翻译下去。奇怪，那几句话译成英文后却有了些改变，3位美国搜查者也毫无反应，翻译的脸上依然毫无表情。

王承书似乎感到了强烈的心跳，当搜查者走下客轮后，她又冲动地跑上甲板，目送那年轻的翻译远去，那翻译仿佛无意识地回过头来，默默地看了她一眼[25]。王承书手扶栏杆，遥望远方。

在这焦急的等待中，与他们同船的郭永怀、李佩夫妇在甲板上暗暗为张文裕夫妇担心，生怕把他们一家扣下，直到看见特务们离开才松了一口气。同时，李佩也为郭永怀烧掉了书稿暗自庆幸，因为人的头脑是无法搜查的。

1956年6月的一天，张文裕、王承书夫妇带着6岁的儿子在祖国的关怀下，冲破美国移民局种种阻挠，搭乘克里夫兰总统号客轮，踏上了回国旅程。

当他们的船到香港时，美国联邦调查局和移民局突然上船对他们又进行了检查，整整折腾2个小时，一无所得才离开。张文裕后来风趣地对人说，当年回国时，连简易的行李都被抄走了，带回来的只是一个脑袋。

爱祖国、爱科学，而非爱金钱、豪宅、官位。正因为如此，他们才能不怕威胁迫害，冲破重重障碍，毅然归来。不惜放弃优越的条件和令人羡慕的高薪，用自己的所学报效祖国。面对美国的循循利诱，他们毫不动摇；面对归途的艰难曲折，他们义无反顾；面对台湾的极力网罗，他们严词拒绝；面对新中国的需要，亲人的召唤，他们无怨无悔地踏上了归途。张文裕、王承书夫妇回来了。

1956年9月30日，张文裕、王承书夫妇和郭永怀、李佩夫妇等归国科学家进入罗湖边防站，踏上了祖国大陆的土地。

第 7 章

回国任职在北大　专门教统计物理

> 如果说她曾以个人的奋斗实现了自己的目标，
>
> 那么当她把自己和祖国结合，
>
> 就使自己的目标得到了升华。

　　20 世纪 50 年代初，有一大批留学生回归祖国，其中有许多精英人士。精英人士之所以能够先后回国，有三个历史原因：一是美国 30 年代的经济危机在人们的心目中阴影未散，支持了马克思有关资本主义产生经济危机的论断；二是苏联重工业建设成功，二战中又打败了德国法西斯，小半个欧洲变为社会主义国家，说明了社会主义制度的合理性；三是美国麦卡锡法案排挤外国科学家，不得人心。新中国成立后，这第一代的回归人士大都具有爱国情结，他们的科学水平都较高，期望回国后能有更广阔的发展空间，为苦难的祖国作出贡献。甘愿抛弃国外优厚的生活待遇，不怕吃苦，建设祖国，他们是我们国家的宝贵财富，不少人做出了重大贡献。

　　王承书回国不久，几位民主党派的同仁找到她，希望她参加民主党派。她感慨地说："如果不是新中国的成立，我也许就不会回来了。我的愿望是加入中国共产党。"

　　王承书对共产党的认识，开始于美国。

新中国成立后的每一封家信，都频频传递着感人的喜讯。耿直、倔强而一直不得志的姐姐，被评为优秀教师。旧社会的穷教书匠，现在被尊重了。家里安装了卫生设备。这对于一个普通人家而言是不曾奢想的。通过这一封封的家信，她感到祖国在变，变得充满了光明，充满了生机。

50 年代初，美国悍然发动了侵朝战争，妄图以朝鲜为跳板，把新生的中华人民共和国扼杀在摇篮里。王承书怀着深深的忧虑，关注着这场武器装备相差悬殊的战争。

在中国共产党的领导下，全国人民团结一心，取得了辉煌的胜利。王承书从胜利中看到了希望，看到了力量。

当然，这些感受都是间接的。只有当她踏上祖国坚实的土地时，才有了直接、深切地感受。

一走下舷梯，就看见中国科学院专程派来迎接他们的人，其中一人就是王承书的表弟何祚庥，何祚庥握住王承书的双手，高兴地说："姐，欢迎你们回国，欢迎你们回来参加新中国的建设。"王承书也激动地说："终于回来了，我时时刻刻都挂念你们，挂念祖国啊！"下船就能看到亲人们的笑脸，她心里涌起了热浪。

王承书一行在广东参观。向导指着一辆解放牌卡车，讲解道："这就是咱们自己造的汽车。"中国能造汽车了！想起自己念书时，用的尺，点的蜡，甚至火柴，无一不是冠以"洋"字的外国货。她情不自禁地走上去，用手轻轻地抚摸着车身，忍不住呜咽起来。

王承书回到祖国，目睹了祖国翻天覆地的变化，王承书产生了一种深深的负债感。当祖国人民浴血奋战地搏斗时，当祖国人民栉风沐雨地建设时，她把自己的年华和智慧放在了国外。她感到自己欠了国家的债，欠了人民的债。她暗下决心："要以十倍的精力、百倍的热情，拼命工作，把自己的全部智慧和力量献给祖国。"

1956 年，周恩来总理发表"向科学进军"的伟大号召。当时的中国知识分子压抑不住内心的雀跃和激动，因为屈辱了 200 年的中华民族今天要站起来了！

1956 年 11 月，王承书顾不上安顿好新家，就以火热的激情投入到工作中。她担任北京大学物理系的教授，根据在国外所学的专业，专门讲授热力学及统计物理学。

热力学及统计物理学是研究原子能技术的基础。热力学的基本主题是平衡与稳定，它是经典热力学的基础与核心[70]。王竹溪教授对热力学有很深的造诣，1955 年编写出版了《热力学》一书。1956 年，王承书回国后，王竹溪将《热力学》作为礼物送给了王承书，并在扉页上写道："王承书先生指正，王竹溪敬赠。"如图 7-1 所示。

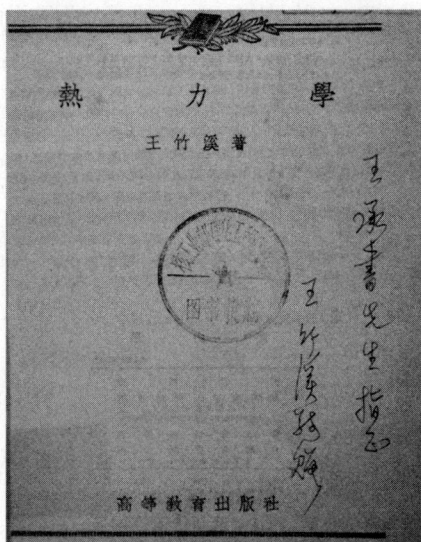

图 7-1　王竹溪送给王承书《热力学》书中的提词照片

王竹溪教授比王承书大 1 岁，时任北京大学物理系理论物理研究室主任。将王承书称为先生，可见这位大科学家的谦虚。

在物理系的基础课程中，热力学（thermodynamics）与物理学中其他学科相比较，是一门十分特殊的分支。

第一，热力学的"实验味"更重；它的许多结论都与日常生活经验有关（因而热力学是日常生活经验的总结，而日常生活经验总是与"熵"或"负熵"有关）；正是由于这一点，根据统计力学的物理分析可知，它实际上与我们所处空间的维数和生物运动的范围是"非相对论的"有关（也许还取决于别的因素，例如在"临界现象"中至今仍有不得要领之处）。人类所做的所谓"实验"，由"实验"所得到的结论，都与这一前提有关。

第二，热力学是唯一"不可逆"的物理学学科。所有"可逆"的物理学都可以是相互独立的，但所有的"不可逆"都是相互关联的。这种"不可逆"与时间的"不可逆"有关，很可能生物对时间的感知就是由于有这种"不可逆"的相互关联。

第三，热力学中的逻辑推理只是"数学分析"中的"全微分"概念；数学上简单浅显、不会出错。所以，热力学的结果不可能与数学演算有关，而只可能与物理前提有关。热力学是物理实验和数学推演相结合的产物。相比较其他物理学学科，热力学中的数学只是"小学生"水平（实际上是"大一本科"水平）。

第四，热力学中公式计算，有点类似于几何题的证明；在这一点上与相对论相仿。对于喜欢锻炼思维能力的大学生来说，热力学是一个很好的切入点；与理性很强的相对论比较而言，它还是较为平庸的。

第五，热力学与相对论一样，按照爱因斯坦（Einstein）的说法，是一种"原理性"的科学；它们凌驾于其他物理学甚至其他非物理学科之上；是物理学中的物理，是物理学中的哲学。但与相对论比较而言，热力学结论只是经验的堆砌，在思想性方面还差得很远；热力学仅仅到了统计力学的程度，才算"入化"。

第六，正是由于有前面第一和第五两点理由，热力学的结论可以被用于验证统计力学和相对论。热力学的结论可以被用于验证相对论（主要是相对论的一些结论），是出人意料的。

第七，热力学与分析力学的哈密顿（Hamilton）力学在数学结构上完全相同，因而二者在数学推演方面可以放在同一框架下进行。然而，热力学和哈密顿力学处理问题的侧重点是不同的，重大关切也是不同的；最重要的区别在于热力学"熵"是恒增的。

第八，热力学只是"热学"的数学演绎。授课时比较吸引学生的还是"热学"，而热力学的讲解往往是枯燥乏味的。

王承书根据多年的研究成果，深入浅出，把枯燥乏味的热力学讲得津津有味，受到同学们的欢迎。

能量可以有许多种存在形式，力学现象中物体有动能和位能。物体有内部运动，因此有内部能量。19 世纪的系统实验研究证明：热是物体内部无序运动的能量表现，因此称这种能量为内能，以前称作热能。19 世纪中期，J. P. 焦耳等用实验确定了热量和功之间的定量关系，从而建立了热力学第一定律：宏观机械运动的能量与内能可以互相转化。就一个孤立的物理系统来说，不论能量形式怎样相互转化，总的能量的数值是不变的，热力学第一定律就是能量守恒与转换定律的一种表现。

热力学主要是从能量转化的观点来研究物质的热性质，它揭示了能量从一种形式转换为另一种形式时遵从的宏观规律。是掌握原子能技术的基础学科。

在 S. 卡诺研究结果的基础上，R. 克劳修斯等提出了热力学第二定律。它提出了一切涉及热现象的客观过程的发展方向，表达了宏观非平衡过程的不可逆性。例如：一个孤立的物体，其内部各处的温度不尽相同，那么热就从温度较高的地方流向温度较低的地方，最后达到各处温度都相同的状态，也就是热平衡的状态。相反的过程是不可能的，即这个孤立的、内部各处温度都相等的物体不可能自动回到各处温度不尽相同的状态。应用熵的概念，还可以把热力学第二定律表达为：一个孤立的物理系统的熵不能随着时间的流逝而减少，只能增加或保持不变。当熵达到最大值时，物理系统就处于热平衡状态。在平衡态统计物理方面，王竹溪教授做出过重要贡献[32]。

统计物理学（Statistical Physics）（又叫统计力学）是研究大量粒子（原子、分子）集合的宏观运动规律的科学。统计力学运用的是经典力学原理。由于粒子的量大，存在大量的自由度，虽然和经典力学应用同样的力学规律，但导致性质上完全不同的规律性。不服从纯粹力学的描述，而服从统计规律性，用量子力学方法进行计算，得出和用经典力学方法计算相似的结果。从这个角度来看，统计力学的正确名称应为统计物理学。

统计力学（Statistical mechanics）是一个以玻耳兹曼等人提出的理论为基础，借由配分函数将有大量组成成分（通常为分子）系统中微观物理状态（例如动能、位能）与宏观物理量统计规律（例如压力、

体积、温度、热力学函数、状态方程等）连结起来的科学。如气体分子系统中的压力、体积、温度。伊辛模型中磁性物质系统的总磁矩、相变温度和相变指数。

图 7-2 为王承书教授照片。

统计力学研究工作起始于气体分子动理论，R. 克劳修斯、J.C. 麦克斯韦和 L. 玻耳兹曼和吉布斯 4 位 19 世纪的物理学家是这个理论的奠基人。他们逐步确定了微观处理方法（表征统计力学特性）和唯象处理方法。

1902 年，J.W. 吉布斯在《统计力学的基本原理》专著中强调了广

图 7-2　王承书教授的照片（1957 年）

义系综的重要性，并发展了多种系综方法，原则上根据一个给定系统微观纯力学的特性，可以计算出系统的全部热力学量，而且他提出正则系综和巨正则系综的研究对象不局限于独立子系统，对于粒子之间具有相互作用的相依子系统也能处理。

如何处理粒子间的相互作用，是统计物理计算的难点与核心。针对不同的相互作用类型和物理问题，发展了不同的近似方程。1951 年，王承书和老师用量子力学推导出适用于多原子气体的玻耳兹曼方程。

量子力学的发展对于微观粒子中的费密子和玻色子在统计力学中分别建立了费米-狄拉克、玻色-爱因斯坦统计分布律。在量子效应不显著或经典极限条件下，两种量子统计分布律都趋近于麦克斯韦-玻耳兹曼分布律。20 世纪 50 年代以后，统计力学又有很大的进展，主要是在分子间有较强相互作用下的平衡态与非平衡态问题。

在非平衡态统计力学研究进展的基础上，尝试从广义变分法的视角建立一套描述非平衡态统计力学的新方法。即以对哈密顿原理进行修正得到的最大流原理为基础，对开放的复杂系统建立新的统计系综，构造出新的势函数，并推导出随机动力学方程，进而得出重整化方程并进行求解，得到自相似的分形结构，从而建立起一个新的统计力学理论框架。以城市系统为例，结合自组织特征映射网络进行结构模式数值分析，展示了新方法处理复杂系统的强大潜力。在非平衡态统计物理方面，王承书教授做出过重要贡献[32]。

20 世纪初，量子力学出现，物理学家重新用量子力学计算方法研究热力学问题，得出和玻耳兹曼公式相似的结果，量子力学是研究微观世界最有效的工具，电动力学和非平衡物理动理学是属于量子力学范畴内的，不是应用经典力学的公式，不能算做统计物理学的内容。

在统计物理学领域，王承书用她所学的专业知识，为祖国培养专业人才。

第 8 章

国家需要来改行　新领域理论研究

　　王承书回国后不久，她在给一个朋友的信中写道："回国前我已经暗下决心，一定要服从祖国的需要，不惜从零开始。"

　　1956 年 11 月 16 日，第一届全国人大常委会决定，成立主管原子能工业的第三机械工业部（1958 年 2 月 11 日，改为第二机械工业部）。当时的部长宋任穷，对人才十分渴望。当听说王承书刚从国外回来时，就希望她能调到近代物理研究所去从事同位素分离理论研究。这在我们国内还是一片空白。在美国时，王承书就听说，这是一项高难度、神秘莫测的技术，世界上只有少数几个国家掌握，并都严加保密。国家把如此重担交给她，是她万万没有想到的。

　　搞同位素分离，这意味着放弃自己熟悉的、搞了多年的专业，重辟新径。这对已是 40 多岁的王承书来说，决非轻而易举。她望着宋任穷同志信任并充满期望的眼睛，脑子里进行着紧张的思索：既然别国有了，那我们也要有；既然是空白，就要有人去填补。谁去干？所里其他同志已经定了研究领域和课题，并带了年轻人，我刚回来，我改行对国家科研事业的影响最小。她明确表示："这项工作谁都没干过，谁干都不容易。别人的工作都早已走上轨道，而且还带着年轻的同志，只有我刚回国工作，还是我去干，对工作的影响最小。"于是，她坚定地向宋任穷同志承诺："既然谁去干都需要改行，那么我改好了。"

　　"那好，我给你几个人。"宋任穷同志一语定音。随后，钱三强副部长和王承书谈了一次话，他说自己是代表组织来找她的，因为国家非常需要她做一次改行，钱三强说："承书同志，国家需要你离开北大，到近代物理研究所那里，搞铀同位素分离的理论研究，请你考虑考虑。"

出乎钱三强的预料，王承书想都没想，当场就说："不用考虑了，我愿意。"

钱三强有点愣了，停了停，说："你在统计物理学上已经有了很大的成就，继续下去，前途不可限量，改行就意味着中断，对于一个科学家而言，这是一件残酷的事；况且，铀同位素分离研究，在我国还是一个空白，要从头摸索……"

王承书："既然是从头开始，总得有人去，我去吧。"就这样，王承书调到近代物理研究所（后来的原子能研究所）的理论研究室（四室）任研究员、副主任，从事同位素分离的理论研究。当时的理论研究室主任是彭桓武，副主任有胡宁、王承书、胡济民和朱洪元[76]。

王承书愉快地接受了新任务，就意味着放弃自己熟悉的热力学及统计物理专业，另辟蹊径。她后来回忆说："有人说中国穷，搞科研没条件，其实我们回来时何尝不知道，那时条件更差，但我们是中国人，祖国还处在百废待兴的时候，我不能等别人来创造条件，我要亲自参加创造条件、铺平道路的行列[17]。"从此，王承书的名字与中国原子能事业紧密地联系在一起，她告别了曾付出巨大努力而进入的统计物理领域，开始了新的跋涉。

进行同位素分离，那么，什么是同位素呢？大家知道，如果两个原子质子数目相同，但中子数目不同，则它们仍有相同的原子序数，在周期表是同一位置的元素，所以两者就叫同位素。

1910 年英国化学家 F. 索迪提出了一个假说，化学元素存在着相对原子质量和放射性不同而其他物理化学性质相同的变种，这些变种应处于周期表的同一位置上，称作同位素。不久，就从不同放射性元素得到一种铅的相对原子质量是 206.08，另一种则是 208 的同位素。

早在 1897 年，英国物理学家 W. 汤姆逊发现了电子。1912 年他改进了测试电子的仪器，利用磁场作用，制成了一种磁分离器（质谱仪

的前身）。当他用氖气进行测定时，无论氖怎样提纯，在屏上得到的却是两条抛物线，一条代表质量为 20 的氖，另一条则代表质量为 22 的氖。这就是第一次发现的稳定同位素，即无放射性的同位素。当 F. W. 阿斯顿制成第一台质谱仪后，进一步证明，氖确实具有原子质量不同的两种同位素。后来从其他 70 多种元素中，陆续发现了 200 多种同位素。

早年张文裕在进入卡文迪什实验室后，和王承书的书信中讲过老师卢瑟福的成就，介绍过这方面的内容。王承书在了解到同位素的概念后，需要掌握分离同位素的理论基础——原子物理学。

卢瑟福关于放射性的研究确立了放射性是发自原子内部的变化。放射性能使一种原子改变成另一种原子，而这是一般物理和化学变化所达不到的；这一发现打破了元素不会变化的传统观念，使人们对物质结构的研究进入到原子内部这一新的层次，为开辟一个新的科学领域——原子物理学，做了开创性的工作。

1919 年，卢瑟福做了用 α 粒子轰击氮核的实验。他从氮核中打出的一种粒子，并测定了它的电荷与质量，它的电荷量为一个单位，质量也为一个单位，卢瑟福将之命名为质子。

他通过 α 粒子为物质所散射的研究，无可辩驳地论证了原子的核模型，因而一举把原子结构的研究引上了正确的轨道，于是他被誉为原子物理学之父。由于电子轨道也就是原子结构的稳定性和经典电动力学的矛盾，才导致玻尔提出背离经典物理学的革命性的量子假设，成为量子力学的先驱。

人工核反应的实现是卢瑟福的另一项重大贡献。自从元素的放射性衰变被确证以后，人们一直试图用各种手段，如用电弧放电，来实现元素的人工衰变，而只有卢瑟福找到了实现这种衰变的正确途径。这种用粒子或 γ 射线轰击原子核来引起核反应的方法，很快就成为人们研究原子核和应用核技术的重要手段。在卢瑟福的晚年，他已能在实验室中用人工加速的粒子来引起核反应。

进行同位素分离的理论研究，就要掌握同位素研究的基本情况。到目前为止，已发现的元素有 118 种，只有 20 种元素未发现稳定的同位素，但所有的元素都有放射性同位素。大多数的天然元素都是由几种同位素组成的混合物，稳定同位素约 270 多种，而放射性同位素竟达 2 500 种以上[85]。在放射性同位素中，只有 60 多种是天然存在的，其他都是由加速器或反应堆生产的。

1932 年，提出原子核的中子-质子理论以后，才进一步弄清楚，同位素就是一种元素存在着质子数相同而中子数不同的几种原子。由于质子数相同，它们的核电荷和核外电子数都是相同的（质子数＝核电荷数＝核外电子数），并具有相同电子层结构。因此，同位素的化学性质是相同的。但由于它们的中子数不同，这就造成了各原子质量会有所不同，涉及原子核的某些物理性质（如放射性等），也有所不同。一般来说，质子数为偶数的元素，可有较多的稳定同位素，而且通常不少于 3 个，而质子数为奇数的元素，一般只有一个稳定核素，其稳定同位素从不会多于两个，这是由核子的结合能所决定的。

同位素的发现，使人们对原子结构的认识更深一步。这不仅使元素概念有了新的含义，而且使相对原子质量的基准也发生了重大的变革，再一次证明了决定元素化学性质的是质子数（核电荷数），而不是原子质量数。

放射性同位素（radioisotope）是不稳定的，它会"变"。放射性同位素的原子核很不稳定，会不间断地、自发地放射出射线，直至变成另一种稳定同位素，这就是所谓"核衰变"。放射性同位素在进行核衰变的时候，可放射出 α 射线、β 射线、γ 射线和电子俘获等，但是放射性同位素在进行核衰变的时候并不一定能同时放射出这几种射线。核衰变的速度不受温度、压力、电磁场等外界条件的影响，也不受元素所处状态的影响，只和时间有关。放射性同位素衰变的快慢，通常用"半衰期"来表示。半衰期（half-life）即一定数量放射性同位素原子数目减少到其初始值一半时所需要的时间。如 ^{32}P（磷）的半衰期是 14.3 天，就是说，假使原来有 100 万个 ^{32}P（磷）原子，经过 14.3 天后，只剩下 50 万个了。半衰期越长，说明衰变得越慢，半衰期越短，说明衰变得越快。半衰期是放射性同位素的一特征常数，不同的放射性同位素有不同的半衰期，衰变的时候放射出射线的种类和数量也

不同。

放射性同位素是一个原子核不稳定的原子，每个原子也有很多同位素，每组同位素的原子序数虽然相同，但却有不同的原子量，如果这原子是有放射性的话，它会被称为物理放射性核素或放射性同位素。放射性同位素会进行放射性衰变，从而放射出伽马射线和次原子粒子。

王承书进行同位素分离的理论研究，就需要掌握分离同位素的方法。在近代物理所，所里交给王承书几名刚从北京大学毕业分配来的大学生，这些学生中有段存华、夏有功、徐润达、秦婉真等人。王承书参考美国学者 K. 柯恩（Cohen）1951 年公开出版的理论著作[50]，自己一边学习，一边给大学生们讲授铀同位素分离理论课程，并经常告诫学生们要理论联系实际。

在柯恩的理论中，有一个专用术语"分离功"（或分离功率，即单位时间的分离功），它是由"价值函数"定义的。分离功（separative power）是很重要的物理量，一个分离装置的分离能力和一个工厂的分离能力都是用分离功的大小来表示的。浓缩铀的成本通常也是以单位分离功的成本来表示的。由于分离功是由价值函数（value function）定义的，因此，需要弄清楚价值函数的物理意义。

价值函数是第二次世界大战期间，美国在曼哈顿计划（Manhattan project）中考虑铀同位素分离时，于 1941 年左右引入的一个物理量[50]。有两种引入价值函数的方法[84]，一种是狄拉克（Dirac）由级联理论引入的，另一种是派尔斯（Peierls）由与熵相关的角度引入的。但无论哪一种方法，都只是引入了一个丰度的函数，称为价值函数。

对二元同位素混合物，在分离系数 α 接近于 1（即浓缩系数 $\varepsilon = \alpha - 1 \leqslant 1$）的情况下，柯恩理论表明，价值函数只与同位素丰度有关，与表征功率装置的参量无关。而分离功率则与表征分离装置的参量有关，与同位素丰度无关[84]。

1994 年，刘广均在研究价值函数的物理意义时，引入了同位素气体混合物中丰度分布的有序度的概念，指出价值函数就是正比于同位素气体混合物中丰度分布的有序度的一个物理量[84]。

20 世纪 50 年代，国外在研究铀同位素分离的方法时，气体扩散技术严格保密，而离心分离技术相对公开。因为在第二次世界大战期间，美国为生产高丰度铀-235 制造原子弹，第一次使用离心分离技术，但那时高速旋转机械技术还不能满足任务的要求，遂于 1943 年放弃离心法而采用气体扩散法。但是，气体离心法的基本理论是在这一时期发展的。由于离心机和蒸馏柱之间数学上的相似性，科恩在 20 世纪40 年代对离心机采用热扩散柱理论进行研究。

柯恩证明，在理想流型假设条件下，气体离心机的理论最大分离功率与相对质量差 ΔM 的平方成正比，所以，离心法更适合重同位素的分离。

气体离心机的最大分离功率与转子的长度（Z）成正比。转子长度的增加，就表示气体离心机内传质单元数增多，分离功率就相应增加。因此，增加转子长度，可以提高气体离心机的分离功率。

气体离心机的理论最大分离功率与圆周线速度（$r_2\Omega$）的 4 次方成正比。提高圆周线速度可以使分离功率大大增加。当圆周线速度一定时，最大分离功率与转子半径无关。因此，提高气体离心机的圆周线速度是增加气体离心机分离功率的最有效措施。但圆周线速度受旋转圆筒材料的抗张强度与其密度之比（称为比强度）的限制。

因此，要提高分离功率就要提高线速度或者增加转子长度，而提高线速度必然要带来材料的强度问题。同时，高速旋转的机械必须解决振动和稳定性问题。这些问题需要从结构设计和动力学参数设计上去解决，也对材料和加工工艺提出很高的要求。由于技术难度太大，当时的美国也只能做理论研究。

在理论研究中，柯恩理论有两个重要假设，一是丰度在径向取平均，仅是轴向位置的函数；二是内部环流看成是单纯轴向流动，不随轴向位置变化。因此，从该理论出发，对一个结构和转速已定的离心机来说，影响分离性能的物理参数有 4 个：供料流量（F），分流比（θ），供料点轴向相对位置（η）和相对内部环流量数（m）。

柯恩理论可作为分离性能的计算基础，从而可避免复杂的理论计算。当然，柯恩理论作了许多过于简化的假设，因此，只能用作定性分析，不能当做定量依据。

按照近代比较完整的理论，影响分离性能的参数是比较多的。如取料支臂，挡板结构和温度分布等各种激发内部环流的因素对分离性能都有影响。但是这些因素的考虑是相当困难的，需要作专题研究。而在柯恩理论中的内部环流量数，虽然避开了产生环流的基本机制，但在物理概念上，它基本反映出内部环流大小对分离性能影响的机理。

调到近代物理研究所后，王承书先生为清华大学工程物理系的老师和数名北大毕业生讲课，这是进行铀同位素分离必须掌握的基础理论。后来，清华大学的老师根据当时的讲课内容编著了我国第一本铀浓缩著作[11]。王承书先生和诸葛福研究员审核了该书。

第 9 章

代表中国新形象　活跃国际学术界

张文裕到美国后主要从事核物理方面的研究，在普林斯顿研究所的实验室里，他把记录有宇宙线粒子轨迹的胶片，放在荧光屏上看了又看，反复地计算着它们的能量、质量和衰变的情况。1948 年夏季的一天，他忽然发现有些意外电子的轨迹。计算的结果表明，它们是由在原子核的周围跃迁时放出的辐射引起的。这个发现说明，宇宙线中的介子，不是科学家们一直认为的是强相互作用的粒子，而是弱相互作用的粒子，它和有关的核可以组成一个临时的原子[18]。

1953 年，美国哥伦比亚大学建成世界第一台高能加速器，美国科学家们在这台加速器上所做的实验证实，张文裕的发现是千真万确的。卢瑟福提出原子核模型后，其学生张文裕在原子核的研究中树立了新的里程碑。

这个重大发现，使人类对原子和原子核的认识前进了一步。这个重大发现引起了同在普林斯顿研究所工作的李政道、杨振宁对弱相互作用的关注。

李政道和杨振宁研究的弱相互作用（又称弱力或弱核力，weak interaction）是自然的 4 种基本力中的一种，其余 3 种为：强核力、电磁力及万有引力。次原子粒子的放射性衰变就是由弱相互作用引起的，恒星中氢聚变的过程是由弱相互作用启动的。弱相互作用会影响所有费米子，即所有自旋为奇数的粒子。

科学界在 1956 年前一直认为宇称守恒，也就是说一个粒子的镜像与其本身性质完全相同。1956 年，科学家发现 θ 和 γ 两种介子的自旋、质量、寿命、电荷等完全相同，多数人认为它们是同一种粒子，但 θ 衰变时产生两个 π 介子，γ 衰变时产生 3 个，又说明它们是不同种粒子。

1956 年，李政道和杨振宁在深入细致地研究了各种因素之后，大胆地断言：τ 和 θ 是完全相同的同一种粒子（后来被称为 K 介子），但在弱相互作用的环境中，它们的运动规律却不一定完全相同，通俗地说，这两个相同的粒子如果互相照镜子的话，它们的衰变方式在镜子里和镜子外居然不一样！用科学语言来说，"θ-τ"粒子在弱相互作用下是宇称不守恒的。

在最初，"θ-τ"粒子只是被作为一个特殊例外，人们还是不愿意放弃整体微观粒子世界的宇称守恒。此后不久，同为华裔的实验物理学家吴健雄用一个巧妙的实验验证了"宇称不守恒"，从此，"宇称不守恒"才真正被认作一条具有普遍意义的基础科学原理。

长久以来，人们以为自然定律在镜像反射后会维持不变，镜像反射等同把所有空间轴反转。也就是说在镜中看实验，和把实验设备转成镜像方向后看实验，两者的实验结果会是一样的。这条所谓的定律叫宇称守恒，经典引力、电磁及强相互作用都遵守这条定律。它被假定为一条万物通用的定律。然而，在 20 世纪 50 年代中期，李政道和杨振宁提出弱相互作用可能会破坏这一条定律。吴健雄与同事于 1957 年在实验中发现了弱相互作用的宇称不守恒，为李政道和杨振宁获得 1957 年的诺贝尔物理学奖提供了实验依据。

1957 年，当时李政道、杨振宁还是中国籍。中国人第一次获得科学界的最高荣誉，国内外都受到震动。高瞻远瞩的周恩来总理决定，要派人向这两位杰出的科学家祝贺。当时，李政道、杨振宁对共产党、新中国还不太了解，派什么人去合适呢？周总理想到要找与李政道、杨振宁熟悉的人，而张文裕、王承书夫妇与李政道、杨振宁在美国时关系就非常好，十分熟悉。因此，就派他们两人为中国政府的代表前去祝贺。1957 年 12 月初，李政道、杨振宁前往瑞典皇家科学院领取诺贝尔奖的证书与奖金[59]。

1957 年 12 月 8 日，李政道和夫人由丹麦同乘飞机去斯德哥尔摩。杨振宁和夫人杜致礼另外抵达瑞典。飞机着陆以后，欢迎的人群蜂拥而至，他们当中，有瑞典外交官、瑞典皇家科学院和诺贝尔奖金委员会的代表，还有中国驻瑞典大使馆的文化参赞[18]。

这天，欢迎的人太多，张文裕和王承书挤不进去，情急之下，张文裕便不顾一切地隔着人群在远处大声地呼喊起来。李政道下飞机后，正在和欢迎的人们握手时，张文裕不顾一切地大声喊道："李政道！李政道！"

听到喊声，李政道跑到了张文裕和王承书面前，非常惊讶地说："张老师，王老师，你们怎么来了?!"

张文裕笑嘻嘻地说："国内让我们赶来向你们祝贺的!"

王承书说："听说你们获奖了，国内各界都很高兴。"

"啊，国内对我们这么关心!"这意想不到的相逢，使李政道感动得几乎流下眼泪。

这时，李政道虽然已是蜚声国际的青年物理学家，然而，在他的心灵深处，自己依然是十几年前那个坐在茶馆里专心念书的英俊少年。回国老师的突然出现，勾起了他对以往岁月的回忆和对亲人、故土的深切思念。尽管授奖活动日程安排得很紧，很忙，李政道和杨振宁还是抽时间到旅馆里看望了张文裕、王承书夫妇，并且邀请他们参加授奖典礼和瑞典皇家为他们举行的盛大宴会。

1957 年 12 月 10 日，因为有台湾代表参加，张文裕夫妇便没有出席授奖典礼。为此，杨振宁和李政道又特地到旅馆里来看望张文裕、王承书夫妇，并带来照片说，"你们看，这两个座位是专门给你们留的!"过后，张文裕、王承书夫妇参加了瑞典皇家科学院为李、杨获奖举行的宴会。

回国后，王承书和张文裕共同学习，一起研究问题。图 9-1 为他们夫妇在一起的照片。

1958 年 7 月，张文裕、王承书夫妇以新中国参加国际会议首批科学家的身份，赴日内瓦出席第一次西欧核子研究中心高能加速器和 π

介子物理讨论会。在会议期间，除了再次见到李政道、杨振宁外，还见到了袁家骝、吴健雄夫妇。老朋友见面，格外健谈。谈了国内的发展情况，为他们以后回国访问奠定了基础。袁家骝先生后来给朋友的信中动情地表示："这是我们3个人一次幸福的团聚。听到新中国发生的变化，了解到我们共同的朋友在祖国的一些消息，我感到非常地高兴。我相信，这一机会可能标志着西方科学家和新中国科学家之间的第一次直接接触。"

图 9-1 与丈夫张文裕在研究问题

当时，中国驻日内瓦领事馆请杨振宁、李政道两人吃饭。在那次宴会上，张文裕、王承书还见到了美国原子弹之父罗伯特·奥本海默（J. Robert Oppenheimer）教授（在第二次世界大战期间，奥本海默教授在美国主持了世界第一颗原子弹的研制工作。因此，在美国乃至全世界负有盛名。从1947年起，他担任了普林斯顿高等学术研究所的所长。对张文裕、王承书在普林斯顿研究所工作时取得的成就非常满意）。可称为是熟人相见，对张文裕夫妇回到自己祖国感到很好奇。他对张文裕、王承书夫妇很热情，高兴地说："我知道，你们是从一个美好的国家来的[18]"。

第 10 章

探索科学新领域　热核聚变填空白

地球上宝贵的石油、煤炭、天然气这类能源，有可能在几十年到一二百年内被人类耗费殆尽。于是人们想到了原子能，原子能又称"核能"，是原子核发生变化时释放的能量。核能有两种，一种是重核裂变时释放的巨大能量，另一种是轻核聚变时所释放的巨大能量。

在发现原子能以前，人类只知道世界上有机械能（如汽车运动的动能）、化学能（如燃烧酒精转变为二氧化碳气体和水放出热能）和电能（如电流通过电炉丝以后，会发出热和光等）。这些能量的释放，都不会改变物质的质量，只会改变能量的形式。放射性同位素放出的射线在医疗卫生、食品保鲜等方面的应用也是原子能应用的重要方面。

原子是由质子、中子和电子组成的。世界上一切物质都是由原子构成的，任何原子都是由带正电的原子核和绕原子核旋转的带负电的电子构成的。一个铀-235 原子有 92 个电子，其原子核由 92 个质子和 143 个中子组成，50 万个原子排列起来相当于一根头发的直径。如果把原子比作一个巨大的宫殿，其原子核的大小只是一颗黄豆，而电子相当于一根大头针的针尖。

大家知道，铀-235 同位素原子在吸收热中子后会产生裂变反应，裂变能蕴藏着巨大的能量。以发电为例，在天然铀中，铀-235 同位素

的丰度只占 0.7%，必须将其丰度值富集（浓缩）到 3% 左右才能作为核电厂用的燃料。一座 100 万千瓦的火力发电厂，每年要烧掉大约 330 万吨标准煤，几乎每天都要用一列火车来运输。1 千克的铀-235 裂变放出的热量相当于燃烧 2 700 吨标准煤放出的热量[85]。

而同样容量的核电厂一年只要更换大约 30 吨燃料就能满足正常需要。目前。世界上有 450 多座裂变反应堆在发电，占世界上总发电量的 16% 左右，由于核电是清洁能源，在减少空气污染，保证能源安全方面发挥了重要作用。

对于另外一种核反应，核聚变（nuclear fusion）反应（或热核反应），它是由两个轻的原子核结合成一个较重的原子核的核反应过程，它的单位质量所释放的能量比裂变要大许多倍。核聚变较之核裂变有 3 个重大优点：1）地球上蕴藏的核聚变能远比核裂变能丰富得多。地球上蕴藏的核聚变能约为蕴藏的可进行核裂变元素所能释出的全部核裂变能的 1 000 万倍；2）核聚变既干净又安全。因为它不会产生污染环境的放射性物质，所以是干净的。同时受控核聚变反应可在稀薄的气体中持续地稳定进行，所以是安全的；3）核聚变释放的能量比核裂变更大。

1952 年 11 月，人们根据轻核聚变的原理试制成功了氢弹。制造氢弹的难点是如何让裂变反应在聚变材料炸散之前，把足够的能量传导给聚变材料，触发真正的聚变反应。当第一颗氢弹爆炸之后，人类制造核聚变反应成为现实。但那只是不可控制的瞬间爆炸。氢弹爆炸，它的巨大能量是瞬时放出的，所以还不可能用来做动力。如果能使这种反应有控制地、自己持续不断地进行，就称为受控热核反应。实现受控热核反应，建成聚变动力反应堆，将能够提供一种新的巨大能源。

在热火朝天的"大跃进"中，原子能研究所里的一些同志贴出了大字报，强烈要求开展热核聚变的研究，填补这个空白。经过部、所领导研究，热核聚变列为原子能研究所里 3 个重点项目之一，关键是谁去领头。

1958 年初，原子能研究所建造的反应堆和加速器，简称"一堆一器"即将建成时，钱三强副部长和王承书谈了一次话，他说自己是代表组织来找她的，因为国家非常需要她再一次改行，钱三强说："承书同志，原子能研究所决定筹建热核聚变研究室，希望你去挂帅，请你考虑考虑。"

王承书想都没想，当场就说："不用考虑，我愿意服从领导的安排。"

领导想到王承书，虽然她并没有进行过这方面的理论研究，但她有雄厚的基础理论，严谨的科学态度，拼命的工作精神，无疑是最佳人选。这对王承书来说是个很重要的转折点，她如果同意接受这项工作，就意味着要再次改行。况且，她家在中关村，儿子刚 8 岁，接受任务就要住到郊区去，这将给她的生活带来很大变化。王承书毫不犹豫地接受了任务。

1958 年，处于北京郊区的原子能研究所，筹建热核聚变研究室（第 14 研究室），王承书被任命为该室主任[34]。热核聚变是当时国际上颇受重视的一项新能源研究工作。王承书改行进行等离子体物理和磁流体力学的研究，这在当时的中国，是一项填补空白的工作。

参加此项工作的还有李整武、钱皋韵、忻贤杰等人[76]。1958 年11 月，"受控核聚变"开始进行小型试验，"直接放电"是第一个试验装置。

受控核聚变研究，是通过某种特殊的途径，把不可控制的氢弹瞬间爆炸过程在核聚变反应堆上加以控制，并源源不断地输出聚变能。

热核聚变听起来很神秘，但实际上和日常生活密切相关。太阳释放的能量来源于太阳内部的核聚变反应，宇宙中的太阳犹如一座巨大的核聚变"反应堆"，源源不断地向外输送着能量。炽热的太阳投送到地球上的光和热，只是其光热总量中微小的一部分。而这已经哺育了整个人类和万千生物亿万年。

产生可控核聚变需要的条件非常苛刻。太阳就是靠核聚变反应来给太阳系带来光和热，其中心温度达到 1 500 万摄氏度，另外还有巨大的压力能使核聚变正常反应，而地球上没办法获得巨大的压力，只能通过提高温度来弥补，温度要到上亿度才行。核聚变如此高的温度

没有一种固体物质能够承受，只能靠强大的磁场来约束。由此产生了磁约束核聚变。

由于氘和氚原子核都带正电，要使它聚合必须克服很强的库仑斥力，使它们成为等离子态[85]。在地球上要实现核聚变反应，必须具备3个基本条件：1）实现受控核聚变的临界点火温度，把燃料加热到不低于1亿度以上的极高温度，这也是它的最后运行温度；2）必须将等离子体约束在某种容器中，并维持足够长的时间。而约束时间和密度有关，为了得到大量的聚变能，等离子体必须有足够的密度，被约束等离子体的密度要达到$10^{14}\sim10^{16}/cm^3$；3）实现等离子体的长时间约束。满足这些条件，是人类正在探索的课题。

实现受控核聚变具有极其诱人的前景。不仅因为核聚变能放出巨大的能量，而且第一代核聚变所需的原料是由氢的同位素氘（又叫重氢）和氚（又叫超重氢）聚合成较重的原子核如氦而释出能量。氘在海水中大量存在。海水中大约每6 500个氢原子中就有一个氘原子，海水中氘的总量约45万亿吨。每升海水中所含的氘完全聚变所释放的聚变能相当于300升汽油燃料的能量。氚可以由锂制造。锂主要有锂-6和锂-7两种同位素。锂-6吸收一个热中子后，可以变成氚并放出能量。锂-7要吸收快中子才能变成氚。地球上锂的储量虽比氘少得多，也有2 000多亿吨。用它制造氚，足够在人类使用氘、氚聚变的年代消耗。

如果用煤来测算，每吨海水中可提取出的核聚变燃料氘相当于350吨标准煤。根据科学家的分析，如果人类未来能建成一座100万千瓦的核聚变电站，每年只需要从海水中提取304千克的氘就可以产生相应的电能，照此计算，地球上仅海水中含有的氘，足够人类使用上百亿年。因此，核聚变能是一种取之不尽用之不竭的新能源。

王承书接受新的研究课题后，就从中关村搬到了新的研究基地，她在办公室里支一张行军床，一天三餐在食堂吃。她一边主持研究工作，一边学习新的理论知识，一边带年轻学生。每天工作都有10多个小时。

1959 年 3 月，王承书被派往苏联库尔恰托夫原子能研究院实习 3 个月。在北上的国际列车一间包厢里，坐着王承书研究员和钱皋韵副研究员，此时，他们无心欣赏壮丽的北国风光，更无心闲谈说笑。刚刚突击学了俄文的王承书，充分利用乘火车的时间，抓紧笔译一些俄文文章。她一边翻译，钱皋韵一边审阅、改正。7 天的时间，就在紧张的学习中过去了。

初春的莫斯科仍然寒气逼人。

王承书这个曾经获得过硕士、博士学位，科学上取得显著成就的科学家，在那几个月里，只享有苏联大学生和实习生的待遇。他们每人每月只有 500 卢布的生活费。如果知道当时一张月票就要 40 卢布的话，就可以清楚这 500 卢布的价值了。王承书说："我不是为着待遇来的，只要能学有所得，再差的条件，也能接受。"王承书以自己的刻苦努力和卓有成效的研究，赢得了苏联专家的敬重。

在他们即将回国时，苏联专家送了一些书。王承书觉得其中一本书对我国发展核聚变这一科学很有用处，决心尽早翻译出来。在回北京的火车上，她似乎摆脱了世间的一切纷扰，整个心思钻到书里。她希望回去后，这本书马上就能成为教材，发挥作用。整整 7 天，她紧张地埋头翻译。当火车驶进北京站时，她疲惫地译完最后几行字。她翻译的有关热核聚变研究的《雪伍德计划》（Project Sherwood）一书（笔名郭臻），该书成为我国热核聚变的基础教材。

回国后不久，她又翻译了《热核研究导论》等著作，这些著作全面介绍了热核聚变方面的基础理论、方法和现状，对我国热核聚变研究的起步起到了良好的推动作用。

她参与了我国最初 3 个等离子体实验装置"雷公"、"小龙"和"凌云"的设计和建造工作[11]。

1959 年建成的"小龙"装置，是一个用绝热压缩加热磁镜场约束的脉冲式实验装置，采用喷枪注入建立的初始等离子体。

1959 年 9 月的一天，一辆披红挂绿的彩车，在鼓乐和鞭炮声中开出了原子能院的大院。车里坐的是参加全国群英会的 3 名代表。王承书坐在车上，她望着胸前的花，望着向她招手的同志们，心里感到阵

阵不安。她想向人们诉说："我没做什么，我做得不够！"

群英会，群英荟萃。群英会的代表，受到党和国家领导人的接见。邓小平参加了这次接见，他对回国参加社会主义建设的王承书印象十分深刻。

代表们的发言、介绍，使王承书如坐针毡，她感到自己和其他代表比差得太远了。她想向其他同志一样，更多地奉献。因为劳模精神的内涵是爱岗敬业，争创一流，艰苦奋斗，勇于创新，淡泊名利，甘于奉献。一打听，代表中百分之七八十是党员。"在党的帮助下，我一定会进步得更快。"科学上卓有成就的王承书，在政治上为自己确定了目标。

1960 年，"雷公"建成，这是用储能电容直接在氘中放电的快过程装置，并在其装置上进行了试验。

1961 年初，为加强原子能研究所的学术领导，按"线"成立了五个科学技术领导小组，并确定组长、副组长及成员名单。电物理线科技领导小组，组长力一（副所长），副组长王承书，成员有左湖等 4 人[76]。

当时热核聚变是世界上热门的研究领域，经过两年的努力，她已十分熟悉这个领域。王承书带领着一支理论队伍，攻下了热核聚变理论，填补了国家的空白，为我国受控热核聚变和等离子研究奠定了坚实的基础。如今这批人已成为受控聚变方面的中坚和骨干。

已 80 岁高龄的中国工程院潘垣院士，长期从事核聚变研究，不仅研究不辍，还亲自为本科生授课以传授科学思想。他说，他有今天的成功，就得益于过去在王承书、李整武先生手下工作时，有幸听过许多名家的讲座。他们的治学方法和对科学的研究精神一直影响着他[89]。

目前，可控核聚变或许是能源领域的最大愿景。从 20 世纪 60 年代以来，利用磁约束实现可控核聚变的研究取得了积极进展，其代表性装置——托卡马克，是各种实验路径中最有希望的一种。原子能研究所的热核聚变研究室，现在已经发展成为核工业西南物理研究院。

核工业西南物理研究院建设并运行的具有偏滤器位形的托卡马克装置 HL-2A（见图 10-1），以及中国科学院等离子体物理研究所研制的世界首个全超导托卡马克装置——EAST 装置（见图 10-2），使中国人站在了核聚变研究的前沿。

图 10-1 中国环流器二号 A（HL-2A）装置照片

核聚变还有许多工作要做，氘、氚聚变只能算"第一代"聚变，优点是燃料便宜，缺点是有中子。

"第二代"聚变是氘和氦-3 反应。这个反应本身不产生中子，但其中既然有氘，氘、氘反应也会产生中子，可是总量非常非常少。如果第一代核电站必须远离闹市区，第二代估计可以直接放在市中心。

"第三代"聚变是让氦-3 和氦-3 反应。这种聚变完全不会产生中子。这种反应堪称终极聚变。但地球上氦-3 很少，而月球上氦-3 很多。这就是人们不断去登月探索的一个主要目的。

可控核聚变是当今世界最前沿的科技领域，由于其对技术要求

得极端苛刻，到目前为止仍处于前期预研阶段。

图 10-2　世界首个全超导托卡马克装置——EAST 装置

　　如果可控核聚变能源开发成功，将"一劳永逸"地解决人类的能源需要。60 多年来科学家们不懈的努力，已在这方面为人类展现出美好的前景。可以预计，人类最终将掌握控制核聚变的方法，让核聚变为人类服务。

第 11 章

为事业再次改行　培训骨干挑大梁

1956 年 4 月毛泽东主席在《论十大关系》中，进一步明确提出："我们现在比过去强，以后还要比现在强，不但要有更多的飞机和大炮，而且还要有原子弹。在今天的世界上，我们要不受人家欺负，就不能没有这个东西[49]。"

制造原子弹分两种，一种是铀弹，另一种是钚弹。铀弹的核心材料是铀-235。原子弹爆炸就是用铀-235 产生原子裂变而来的。没有铀-235，铀弹就造不出来。

但铀矿石中铀-235 的含量只有 0.7%，通过非常复杂的浓缩过程才能得到丰度 90% 以上的铀-235。这个过程谈何容易。当年中国向苏联提出要搞铀-235 时，参与谈判的苏联专家说："搞这东西很贵的，投资大，用电多，美国搞这个东西用了全美七分之一的电量。你们全中国的电加起来可能也不够用。中国搞搞钚-239 就行了。"

但中国人不甘心，要搞就搞最先进的。经过艰苦的谈判，中、苏两国签订了有关协定，苏联向我国提供气体扩散技术援助。协定签订后不久，即成立了一个由 8 人组成的铀浓缩厂选厂委员会。自 1956 年 10 月 29 日至 1957 年 1 月 15 日，选厂委员会先后在河南、陕西、甘肃、青海等 4 省，调查了 11 个厂址的自然条件和经济技术因素。经过综合分析，认为兰州市郊区一个飞机工厂选定的厂址，用来建设气体扩散工厂最为合适。1957 年 2 月，选厂委员会提出了

选厂报告。而此时飞机工厂已经筹建2年，做了大量的建厂前期工作。考虑到发展核工业的急迫性。经二机部和三机部一致协商，上报中央军委，经聂荣臻元帅批准，将该厂址让给气体扩散工厂，成为兰州铀浓缩厂[10]。

1958年，铀浓缩厂同全国一样出现建设的高潮。第一代核工业的开拓者们，响应祖国的召唤，在很短的时间内，就从全国20多个省、市、自治区的各条战线集中到建设现场。根据扩散厂主工艺厂房面积大、建设周期长，而辅助工程项目多、又必须在主工艺工程建成之前完成配套的要求，确定了"先外围、后主体、以主带辅、以辅保主、协调前进"的建设部署。1958年第一季度，完成施工准备后，外围工程陆续开工。5月28日，苏方通知，同年9月至1959年将分13批提供几种型号的扩散机。这就要求我国必须在1959年年底前实现主体和辅助工程配套，具备安装条件，任务是十分艰巨的。5月30日，在北京召开了一次厂领导会，研究了加速建设进程的总体部署，提出了"苦战一年半，边干边学，建成学会"的口号。同年7月，厂区各辅助工号和配套设施全面开工。9月，主工艺厂房也开工建设。为抢建工程，承担施工设计的广大设计人员吃住在工地上，深入现场，紧密配合，及时解决施工中出现的问题。

1959年12月27日，首批机组在主工艺厂房安装就位。主机安装的胜利实现，为工程继续进行取得了主动权，对于扩散厂按期建成起了决定性的作用。

引进设备并不等于掌握了技术。尤其像气体扩散这样的尖端工艺，不仅级联庞大，设备多，管线长，而且工作介质是带放射性和强腐蚀性的六氟化铀气体，大体积高度密封、耐腐蚀和清洁度等方面要求很高，技术十分复杂。而我国在铀同位素分离领域是片空白，要在短期内掌握它，确非易事。当时，扩散厂的科技人员遵照毛泽东主席关于"尊重苏联同志，刻苦虚心学习，但又一定要破除迷信"的批示，既结合实际认真向苏联专家学习，又坚持独立思考和钻研，取得了明显的成效。

1960年第一季度，全国掀起了"技术革命和技术革新运动"的热潮。在运动高潮中，扩散厂曾经有人把主工艺厂房内的电机拆下来搞革新，如果这种做法蔓延开来，将造成严重的后果。在技术革新中究竟应该如何对待这些刚刚引进的技术和设备？恰在这时，毛泽东主席及时指出："像小孩学写字，要先写正楷，后写草书[10]。"这一指示的及时传达，把学习引向健康的轨道，收到了很好的效果。

1960 年，兰州的铀浓缩工厂刚刚建成，设备也比较齐全配套[10]。但由于中、苏关系破裂，1960 年 8 月 3 日，在气体扩散工厂工作的苏联专家带着大量技术资料走了。

苏联专家撤走后，当时国际上有人认为，中国从此进入核技术真空状态。有人预言，中国"二十年也搞不成原子弹"。还有人甚至说，"这是对你们毁灭性的打击"，"再过两年，你们就要卖废铜烂铁了"。当时，扩散厂的主工艺设备还没有完全配套，一些重要的技术资料又被有的专家带回国或烧毁了。扩散厂的技术人员虽然学到了一些技术，但缺乏实践经验，又无处借鉴。职工中也有少数人存在着悲观情绪，认为："专家走了，我们在技术上不行"；"搞基建行，搞生产不行"；"搞辅助生产行，搞主工艺不行"等等。特别是当时正值全国经济困难时期，生活供应不足，营养缺乏，许多职工得了水肿病，有的职工甚至产生过回家务农的思想。扩散厂的建设面临着严峻考验。

能不能战胜困难，依靠自己的智慧和力量，把扩散厂建设起来？我国扩散事业的创业者们面临着严峻的考验。扩散厂能搞起来吗？人们面对着残缺的资料，成堆的问题，沉睡的机器，犹疑、忧虑、焦急。

兰州铀浓缩厂一直是二机部领导紧紧盯住的地方，和二机部其他几个厂矿比较，铀浓缩厂的技术含量最高，工作难度最大，苏联专家离开时，几千台扩散机虽然连接上了，但要正确地启动它们，需要经过大量复杂的计算，还要有一个最科学的分批启动方案，这些机器要经过长达几百天的连续运转，才能生产出合格的铀-235，如果失败，原子弹工程就会面临巨大的挫折，想在短时间内重新拿出合格的产品，根本不可能。

很显然，铀浓缩厂没有理论计算，就等于没有灵魂，几千台设备就得瘫在那里。由于是谁也没见过的设备，谁也没干过的工作，兰州那边的技术力量明显不足，厂里有一个叫王成孝的工程师，对扩散理论的计算有一定的研究，苏联专家走后，王成孝成了重点保护对象。有一次，王成孝外出，坐了一辆三轮摩托车赶路，途中遇到大雾，路又滑，摩托车撞到一辆大车上，把王成孝的鼻梁撞骨折了，事情报到二机部，把当时的部长刘杰气坏了，在电话里对厂长王介福吼道："把你撞死了还可以有人接替，把王成孝撞死了怎么办？"

让谁来担负起浓缩铀的工作呢？钱三强思来想去，找到了一个可以委以重任的人，这便是回国不久的女科学家王承书。1961年3月的一天，门吱呦一声开了，王承书身穿优雅的旗袍，来到了钱三强在原子能所的办公室，入座后，钱三强说："承书同志，现在国家需要你再次转行，你看行吗？"

王承书静静地听着，然后问："需要我去干什么？"

钱三强说："这次是气体扩散理论，像两年前你改行时一样，这在我国也是一个空白。"

王承书平静地说："我愿意！"她几乎是不假思索地说出了这掷地有声的3个字。

钱三强："这次不在北京了，要到外地去，很远的地方。"

王承书说："没关系。"

钱三强说："因为这个工作的关系，也许以后要隐姓埋名一辈子。"

王承书又说："没关系。"

钱三强想把困难说透，于是又说："这一次要和文裕先生分开，可能要很久……"

王承书默默地点点头，仍然道："没关系。"

钱三强放心了，说："兰州铀浓缩厂，苏联专家走了，我们没人搞过这个专业，你去，把那里的气体扩散理论搞起来。"钱三强同志详细地介绍气体扩散工厂的严峻形势，明确指出理论研究工作要为气体扩散工厂上马铺路搭桥。

王承书说："好的。"

钱三强说："这件事情要绝对保密，暂时不能告诉文裕先生。"

王承书站起来："我明白。"

突然接到这个任务，王承书有点不敢相信。搞铀同位素分离就是在美国也是一项讳莫如深的事，现在竟然会让她这样一个刚从海外归来的人领衔。这是多大的信任与挑战！参与原子弹的研制，这在当时是国家的最高机密。

王承书在日记中写道："祖国正处在百废待兴的时候，我不能等别人来创造条件，我要加入到创造条件、铺平道路的行列。"后来她又说："年近半百，开始搞一项自己完全不懂的东西，不是件容易的事，但再一想，当时谁干都不容易，何况我在回国之前就已暗下决心，一定要服从祖国的需要，不惜从零开始。"

由于苏联的扩散厂不接受我国的实习人员，因而在气体扩散工厂建设的同时，我国决定在北京建设一个气体扩散实验室，作为培训基地[10]。

王承书领了将令，再次放弃自己熟悉的工作，当天下午就到了原子能所那个神秘莫测的小院上班。担任气体扩散研究室副主任[11]，负责理论研究工作。从接到任务的那天起，王承书的名字就从国际理论物理学界消失了，她再没有在国内外学术刊物上发表过一篇技术论文，即便是内部刊物和工作报告，她也很少署名。作为一个女人，她付出的则更多。她告别了丈夫、孩子，背起行囊，来往于北京和大西北之间，在集体宿舍一住就是近 20 年。

许多人在每星期一清晨看到中关村路边有位清瘦的中年妇女在等班车，他们不知道她是谁，正在上小学的儿子 7 天才能见到母亲一次。她同丈夫张文裕也长期天南地北地两地分居。王承书说："对于每个人来说，生命本身就是一种消费，在我这一生中，事业占据了我整个生命的三分之二，为此，我失去了一个女人应给予这个家庭的一切，但是，我并不后悔。"

王承书心里装的是国家利益，为了事业的需要，她可以舍弃个人的一切。她中止了已经比较熟悉的热核聚变研究工作，转到了铀同位素分离理论研究上来，开始了后半生的默默奉献。

王承书的同事钱皋韵院士回忆说："这项工作当时是很敏感的，保密性很强，哪儿也学不来[30]。"

由于基础理论的重要性，第二机械工业部决定在扩散厂具备启动条件之前，抓紧时间培训全国在这方面的理论队伍和工厂的运行人员。王承书和大家一起认真学习、上课和讨论问题。通过一年多的努力，掌握了扩散分离理论，级联分离理论，级联水力学理论，工厂运行工艺，带出了一批扩散研究最早的理论研究人员。王承书及同事为扩散工厂共培养了几百名初步掌握扩散技术的生产技术骨干，为在苏联专家突然撤走后，能很快地转向自力更生过技术关，打下了基础。

王承书的学生诸旭辉研究员回忆："苏联专家留下的资料有限，王老师把这些资料反复看过后，一个一个地理解和计算，计算正确以后再重新编排起来，编好后再教我们[24]。"那时候计算设备落后，王承书和同事们用的是手摇计算机和计算尺，进行分离理论的研究。

为了了解实际情况，她和同事们来到了黄河之滨的这个气体扩散工厂。

在静寂无声的厂房门前，荷枪实弹的警卫庄严肃穆，更增加了神秘的气氛。她递过特别通行证。薄薄的证件使她感到沉甸甸的。

到1961年年底，王承书带领的原子能所气体扩散实验室理论组，用了大约一年的时间，组织铀浓缩厂等有关单位的理论人员和清华大学有关专业的部分教师，学习气体扩散的理论知识，培养了我国浓缩铀事业的第一批理论骨干[10]。

王承书凭借她深厚的统计物理和动理理论的功底，利用有限的资料，在临时搭起的帐篷内，一边自学，一边给学员讲课。同大家一起刻苦攻读、互相切磋。

夏有功研究员感触很深，那是1961年，他参加了王承书的培训班，在一次讲课中，王承书问他："渗透性指的是什么？""是小孔面

积和总面积之比。"他照着过去外国专家教的答案进行回答。"那为
什么和分子热运动的速度有关呢？"王承书追问。夏有功无言以对，
因为他从来没有深想过这个问题。王承书说，光知道结论不行，必
须搞清楚产生结论的内在规律才能举一反三，才能判定哪些参数是
不可缺少的，哪些参数是可以忽略的[24]，这使夏有功茅塞顿开，在
导师的教诲中，他在学术上的进步加快了。

　　严世杰研究员回忆说："在王先生组织的培训班里，采用的是互
为先生的别开生面的教学方法，一个人准备一个方面的内容。讲给
大家听，王先生当然是先生们的先生。'教学'中收获最大的是那些
年轻的先生们。因为他们在备课、教学及研究阶段，都会直接感受
到王先生的教诲！"

　　我们知道，铀-235 原子约比铀-238 原子轻 1.3％，所以，如果让
这两种原子处于气体状态，铀-235 原子就会比铀-238 原子运动得稍
快一点，这两种原子就可稍稍得到分离。气体扩散法所依据的，就
是铀-235 原子和铀-238 原子之间这一微小的质量差异，这种方法首
先要求将铀转变为气体化合物。到目前为止，六氟化铀是唯一合适
的一种气体化合物。这种化合物在常温常压下是固体，但很容易挥
发，在 56.4 ℃即升华成气体，如图 11-1 所示。

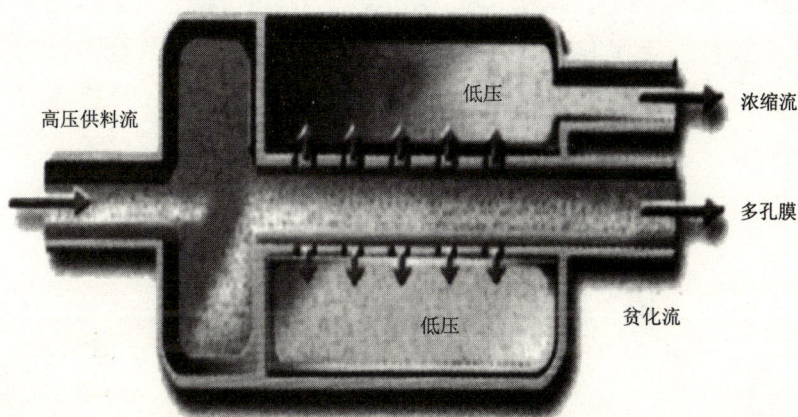

图 11-1　气体扩散技术分离原理

铀-235 的六氟化铀分子与铀-238 的六氟化铀分子相比，两者质量相差不到百分之一，但事实证明，这个差异已足以使它们在加压下被迫通过一个分离膜后分离六氟化铀同位素气体。含有铀-235 的分子通过多孔隔膜稍快一点，所以每通过一个分离膜，铀-235 的含量就会稍增加一点，但是增加的程度是十分微小的。因此，要获得丰度高的铀-235，就需要让六氟化铀气体数千次地通过分离膜，形成级联，达到浓缩的目的。

第 12 章

净化级联精计算　回答疑虑保重点

为了弥补苏联气体扩散工厂不接受中方技术人员培训和实习的实际情况，1958 年 9 月，我国在原子能研究所内动工兴建了气体扩散实验室。周恩来总理很关心实验室的建设，当 1959 年 12 月 31 日，气体扩散实验室的实验大厅内气体扩散机组全部启动成功时，他亲自设宴向苏联专家和国内科学家、科技人员祝贺。1960 年 2 月，气体扩散实验室全面建成移交使用[10]。

气体扩散实验室建成后，对外称"615"研究室。为了加强技术力量，先后抽调复旦大学的吴征铠教授任研究室主任，抽调原子能研究所 14 研究室的王承书和钱皋韵任副主任，共同主持"615"研究室的研究工作。

1962 年初，原子能研究所贯彻二机部工作会议精神："1962 年一线各厂过技术关是关键一年，又是攻坚的一年，应将'615 甲'的技术力量集结到工厂，共同完成热处理、调整试验和启动运行的任务"。为落实部工作会议精神，王承书和吴征铠、钱皋韵等同志到了气体扩散工厂，看到一台台机器都停着。厂方搜集了急需解决的技术问题交他们处理，初步提的就有 100 多个，哪一个不解决也无法生产，包括理论问题、技术问题、工艺问题和材料问题。王承书负责解决理论方面的问题。

苏联专家撤走后，气体扩散工厂遇到的一个重大技术问题是留

下的这些气体扩散设备能不能生产出原子弹需要的合格装料产品。当时，对精料端用于净化轻杂质的净化级联原设计台数是否足够，存有疑问。因为它关系到能否获得轻杂质含量不超过限定值的合格产品的问题，必须尽快弄清楚。二机部领导把这项任务交给了王承书团队。王承书带领大家开展了称为净化级联的理论研究。

级联理论是气体扩散工厂运行的理论基础，它包括稳态和动态两部分。净化级联是动态研究的课题之一。扩散工厂对 UF_6 产品的质量要求很高，除了铀-235 的丰度需符合一定标准外，还要求产品中杂质的含量必须低于一定标准。实际级联的供料中总会含有一些金属的氟化物，级联装置中会漏入空气，还会由于腐蚀损耗产生氟化氢（HF）气体。所有上述气体的分子量都比 UF_6 小，统称为轻杂质。在级联的分离作用下，它们都要往精料端浓集。如果直接在精料端取产品，其中杂质含量就会超过规定标准。因此，需要一个小级联对产品进行净化，以减少轻杂质的含量，这个小级联称为净化级联。

从扩散级联中得到的高丰度浓缩铀，存在少量轻元素的氟化物。它们是在铀矿里与铀共存的轻元素经氟化而产生的，在供料中它们的浓度虽然极小，但是在主级联中它们也得到浓缩，而且浓缩程度比铀-235 更加明显。因此，必须通过净化级联在精料中将它们去除。否则，产品不能符合装料的要求。这是当时需要解决的一个重要问题，这个问题不解决，生产出来的产品肯定不能满足装料要求而前功尽弃。

净化级联是专门设计的一个小级联，它以主级联的精料产品为供料，杂质富集到它的精料中，它的贫料才能达到合格标准的最终产品。原工厂虽然有净化级联的设备，但无资料可查。该级联的设计是否合理，能力是否充裕都是需要尽快回答的问题。根据级联理论和供料的实际情况，净化级联是多元分离的一种装置，具体是六元分离。这些组分包括氟化物及空气，空气内包括氟化氢，空气及氟化氢是在扩散工厂主级联的中间净化之后，由于漏气及腐蚀反应所产生的，其他组分取决于工厂原料中的杂质含量。

　　净化级联和其他级联有两点最本质的差别：一是在净化级联中的混合物是多组分气体，要用多元分离理论来处理。二是被分离气体之间的摩尔量差别很大，因而浓缩系数并非远小于 1，因此，无论从分离理论或级联理论角度都要进行专门研究。

　　在物理上问题的提法是已知供料量及供料浓度，在给定取料中铀的含量情况下，求满足一定贫料要求的净化级联的长度，这样一个问题显然是有解的。在数学上，可忽略供料点浓度的混合，在六元分离中，有 5 个独立的浓度，因此，共有 25 个物理量，它们之间共有 21 个关系，也就是有 21 个方程。因为变量和方程式的数目都比较多，浓缩方程的形式又很复杂，在 20 世纪 60 年代初，计算技术不那么先进，求解过程所牵涉的运算量之庞大是不言而喻的。

　　王承书和钱皋韵对净化级联进行了理论计算，在王承书的指导下，段存华又进行了补充计算。由于投产时间紧迫，多元分离的理论计算又很复杂，王承书和钱皋韵等人运用数学上不完全自洽的简化计算方法求解级联方程组，非自洽解的结果就是与实际情况有矛盾，但从任务的要求来看，这样的计算结果可以解决实际问题。在原子能研究所理论研究室杨念如等人的帮助下，得出了物理上图像清晰、工程上已足够应用的结果[10]。

　　为了验证理论是否正确，在钱皋韵、徐德禄的领导下，技术人员根据物理模型，克服许多困难，制作样品。在实验大厅中进行试验验证，实验结果同理论计算结果非常吻合。得出气体扩散工厂的级联净化能力可以满足原子弹装料要求的结论，解决了事先存在的疑虑问题。保证了这项国家重点工程能够继续进行建设。

　　通过计算知道，只要妥善地进行设计，净化级联是能够让最终产品达到质量标准的。气体扩散工厂的净化级联装置投入运行后，同样获得满意的结果，使产品质量完全达到了原子弹装料的要求[10]。《净化级联的计算与试验》研究成果[37]获得 1978 年全国科学大会奖，王承书为第一获奖人。该研究成果填补了国内的空白，用我国供料的杂质含量数据得到了精料各种杂质在净化级联中的分布，并由实验得到了很好的验证，分析了方法的适用性，解决了精

料的纯化问题，并用于气体扩散工厂，使产品质量完全达到装料要求。

原核工业部副部长李觉说："我参加第一颗原子弹研制的组织工作，苏联专家撤走时曾说过，再过几年，扩散厂的几千台机器就要变成一堆废铜烂铁。我们当时也很担心，一是担心铀-235的丰度不能达到90％以上，二是担心铀-235的纯度不够，从某种意义上说，纯度的技术水平要求更高，但看到在王承书带领下生产出的浓缩铀-235时，我们放心了，因为无论丰度和纯度，都高于我们原来的要求，是质量很高的铀-235[24]。"

为了加强学术领导，1962年12月，经中国科学院第八次院务常务会议批准，原子能研究所正式成立学术委员会，钱三强被任命为主任委员，王淦昌、彭桓武、张文裕、吴征铠等8人为副主任委员。王承书、王竹溪、刘允斌、朱洪元、吴有训、周培源、钱皋韵等61人为委员[76]。

清华大学应纯同教授主编的《同位素分离级联理论》教材，在编写过程中，王承书同志给予了很大的关怀和支持，并提出了许多指导性意见[68]。

第 13 章

争取早日出产品　启动方案重新算

　　就在原子弹研制需要加大投入的关口，中国却正处在最困难的时期。还要不要继续搞原子弹？最高决策层也发生了分歧。

　　1961 年夏天，在北戴河召开的国防工业委员会工作会议上，上马下马的争论发展到白热化。主张下马的一方认为，原子弹和导弹投入太大，又没有苏联的帮助，技术上有很多难题，而且当时国家经济困难，搞两弹花钱太多，反而影响了国民经济的发展。有人甚至说，不能为了一头牛饿死一群羊。这种观点分析得合情合理，得到了很多人的赞同。

　　主抓两弹工作的聂荣臻元帅急得团团转。他深知，我们自行设计的中程导弹正在关键时刻，原子弹的基本理论和关键技术也处在攻坚阶段。两弹一旦下马，就可能前功尽弃了。要想重新捡起来，绝非易事。无论多么困难，也要坚持下去。

　　陈毅元帅是两弹的坚定支持者。他坚决地说："就是当了裤子也要搞原子弹。"身为外交部长，他深知没有原子弹在国际上说话没分量。

　　上马还是下马，一时间双方各执一词。最后国家主席刘少奇拍板，先派人下去调查调查再说，政治局委员们都表示同意。这个重任就落到了副总参谋长张爱萍将军身上。

　　刚接到这项任务时，张爱萍的头摇得像拨浪鼓一般。他说："我

哪懂什么原子弹？我只懂山药蛋！"陈毅元帅说："不懂就学哇！"

于是，张爱萍找来上过大学的国家科委副主任刘西尧陪他一起调研。

在兰州铀浓缩厂，张爱萍听取了厂长王介福等人的工作汇报，当张爱萍问到有无把握按时生产出合格产品时，王介福回答："应该可以。"张爱萍说："你说的不算数，我要听专家的意见。"同时把目光转向在座的王承书，王承书沉着、冷静地回答："可以。"张爱萍又说："你有什么依据？"王承书回答道："我们在原子能研究所做的理论计算和试验证明，能保证按时出合格产品。"并说："在我的承诺中，除了对孩子的承诺不能兑现外，其他的都能兑现。"听到这里，张爱萍副总参谋长欣慰地笑了。

张爱萍他们在各地调查了一个多月，发现虽然两弹的研究工作还有很多难题，但苏联专家走了以后，各项工作还在有条不紊地推进中。

回京后，张爱萍和刘西尧联名写了《关于原子能工业建设的基本情况和亟待解决的问题》报告，报告说，全国有 50 多个单位、3 000 多名工作人员参与这项工作，如果组织得好，1964 年爆炸第一颗原子弹是有可能的。

原子弹研制试验是一项科学系统工程，主抓这项工程的原二机部部长刘杰经常念叨："地、矿、2（二氧化铀）、4（四氟化铀）、6（六氟化铀）、5（铀-235）、8（核部件厂代号）、9（9 所的核装置）"这些个数字，代表了核武器研制的 8 个环节，这是一条环环相扣的产业链，不论哪个环节出了问题，都有可能影响全局的进展[5]。

铀矿石经过浸取、离子交换、萃取纯化、沉淀还原，制成二氧化铀，再经过氟化制成四氟化铀，这是水法冶金工艺过程的关键技术。原子能研究所六一五研究室的一项重要任务是负责 UF_6 的研制，攻关工号为"615 乙"。

到 1963 年下半年，核燃料的前端，即地、矿、2、4、6 这 5 个环节的技术问题已经基本解决，研制核武器的重点集中在如何得到浓缩铀产品，如何做出核部件，以及爆轰试验如何得到足够的中子这 3 个关键环节。得到合格的浓缩铀产品是这 3 个环节中需要首先攻克的重要环节。

从 1961 年开始，王承书和她的同伴们从了解现场开始，在和工厂的技术人员进行了深入的讨论、调研之后，带着一些关键的问题回到北京，再讨论研究解决方案。

1962 年，王承书带领的理论组和原子能所理论研究室有关人员一起，通过理论分析和大量的实验、工艺研究，为兰州铀浓缩厂的启动运行提供了重要技术资料和运行经验。

动态研究主要是研究级联启动过程中各级铀同位素丰度逐步建立并趋向稳定的变化规律，以及各级同位素丰度重新趋向稳定的规律。在正常运行中的级联受到"干扰"后混合气体的变化情况，由于级联是一个一体化的系统，任何干扰都有可能波及整个级联，使产品的丰度值受到影响。气体扩散工厂分批启动方案的研究就是动态研究中的一个重要课题。

在原子能所理论研究室计算组的配合下，他们用电子计算机进行了大量的级联方案计算、级联中气体同位素丰度分布的计算，特别是在动态下级联内各点铀-235 丰度随时间变化的曲线计算，为气体扩散工厂生产方案的选择和动态下取料方案的确定，提供了重要的参考数据。

由于铀浓缩技术的攻关项目是为了启动气体扩散工厂，所以，两年多的时间中，王承书那瘦弱而刚强的身影无数次地走进靠蒸汽推动的火车里，来往奔波于西北边陲和北京的研究所之间。在 1963 年年底这个紧要的时刻，在苏联杜布纳联合研究所工作的张文裕难得有一次回国探亲的机会，但王承书来不及与他见上一面，就带着研究方案与她的助手们又一次登上了西去的列车[25]。

对于六氟化铀气体，气体扩散法的理想单级浓缩系数为 4.29×10^{-3}。在实际扩散机中，浓缩系数远不能达到理想值，最高水平可达 2×10^{-3}。由于气体扩散法的一次分离系数很小，在生产中需要把很多级按一定方式连接成级联。通过膜后的气体（精料）送入前一级，未通过膜的气体（贫料）送入后一级，铀-235 逐级加浓。级联

还有并联、搭接等多种形式。要得到90％丰度的铀-235同位素，就需要3 000～4 000个扩散机组成的长达几千米的级联装置，如图13-1所示。

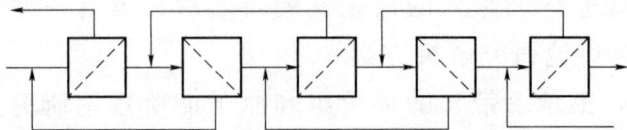

图 13-1　气体扩散法串联级联示意图

　　扩散厂的工作介质六氟化铀有放射性，遇水后又有腐蚀性，因而对扩散机组的真空密封要求极为严格。在科学实验室里，真空密封本非难事，但要使扩散机组这种管线长达数千米、接点多到上万个的大体积长期保持真空密封，就不容易了。为此，工厂组织了专门的真空工作队伍。他们先后更换大小阀门5 000多个，调整主机间隙几百处，消除漏点上万个。经过艰苦的努力，终于达到了运行要求，并且摸索出一套真空密封的经验，为进一步试验创造了条件。

　　试验本着"先写正楷"的精神，一步一个脚印进行。为确保试验成功，采取了"先小型机，后大型机，先单个型号机组，后同型号几个机组联动运行，以及先小负荷后大负荷，先国外原料后国产原料相互验证"的方式，循序渐进。攻关中强调不打无把握之仗，试验前都编写了试验大纲和具体试验方案，要求多方设想，充分准备。理论计算人员先后计算了上百个稳态运行方案和几千个动态运行方案；还强调重大试验必须事先演习，操作熟练再动手，以防差错[10]。

　　氟化处理是机组启动前的关键工序。处理不好，分离膜就达不到要求的渗透性，而充氟的速度过快又可能烧毁分离膜。由于事先对有关人员进行了严格的训练，实际操作时做到了一丝不苟。严格按照规程进行，因而对几千台机器氟化处理，没有损坏一支分离膜。

　　通过试验，取得了各种型号中具有代表性的部分扩散机组试验性氟化处理和启动运行的成功；掌握了分离系数、腐蚀损耗、静特性能等重要参数；摸清了分离膜渗透性下降的规律；不仅获得了极为宝贵的扩散机启动操作实践经验，而且还发现和消除了许多设备缺陷，为成批机组氟化处理和成批机组启动投产铺平了道路。

每当关键时刻，许多领导干部就搬到现场吃住，同广大技术人员、工人共同攻关。在那些日子里，不论是各级领导、专业管理干部，还是技术人员和生产工人，都把自己的全部心血倾注到这艰巨豪迈的事业上。

在机组启动前，还存在着不少当时吃不透、使人"不放心"的问题。原子能研究所的气体扩散实验室密切配合气体扩散工厂，进行了大量的理论、实验及工艺研究，给出了有说服力的答案。气体扩散实验室不但做了理论计算，还利用小机器短级联做了工艺试验，从而排除了疑问。另外，还在扩散级联的启动调整方面，包括启动方式、机组旁联和分路、机器停车等对工艺回路的影响等内容，测量取得了大量参数。这些工作对于机组启动成功，起了积极的作用。

将机组与工艺回路断开的操作叫旁联。当机组因漏气或其他故障要进行定期检修时，都要进行旁联。

将机组的末端与工艺回路断开的操作叫分路。也就是只让轻馏分往机组输入而不输出，重馏分输出而不输入。当发现在精料端压缩比大幅度下降时，为了查出漏流所在的机组，需要对工艺回路进行分路。

1962 年 11 月，扩散厂主辅工程全部配套安装完毕。12 月 8 日，成批机组氟化处理正式开始，成批机组启动也即将进行，扩散厂的建设进入了决战阶段。这时二机部提出的力争在 1964 年进行第一颗原子弹爆炸试验的"两年规划"，已经获得中央批准。按照计划，前 14 个月是决战的 14 个月，二机部要求气体扩散工厂提前生产出高浓缩铀产品。为了加强技术力量，1963 年，抽调清华大学的老师刘广均到气体扩散工厂任副总工艺师[10]。

王承书接受新任务后，便率领她的攻关组，跨过荒凉的戈壁，来到大西北的崇山峻岭中，她顾不上旅途的疲劳，手持那张薄薄的通行证，穿过戒备森严的警卫线，走进了那个塞外边陲的气体扩散工厂[25]。

我国第一座扩散工厂启动阶段，面临着一系列急需解决的计算与控制问题，如工厂的分批启动和正常运行方案，级联动态过程的精料控制问题。王承书带领理论组成员，对这些问题进行了深入的研究。

要想提前取得产品，首先要突破原先苏联设计的方案，提前启动运行几千台机器。而要提前启动机器，就必须进行复杂而又精确的分析计算。苏联专家撤走之前，虽然也有一些现成的计算理论，但只有个别人掌握数据并知道计算方法。因此，必须建立一支自己的理论计算队伍，否则就难以开展工作。二机部党组派出统计物理学家王承书，到厂里指导级联计算技术攻关。她消化吸收苏联专家的方案内容，结合自己研究的成果，帮助厂里培养了理论计算人员。王承书工作十分严谨，一丝不苟，在指导扩散工厂分批启动运行的理论计算工作中，她夜以继日，坚守岗位，一次又一次地对计算结果进行检查和认真分析，直至看到实测数据吻合理论曲线时才满意地结束[10]。

但是，根据苏联设计的启动方案，不可能提前出产品。工厂的理论计算人员重新计算了启动方案。经多次修改，最后提出了把全部机组分 9 批启动、5 批出产品的新方案，比原方案提前近 4 个月。由主管局领导和专家吴征铠、王承书、钱皋韵等人组成的技术论证小组，到工厂听取了汇报。经过计算、复核、论证，认为该方案基本合理，并很快得到了二机部的批准。

为了确保分批启动成功，在启动前对机组氟化处理的各项工艺参数进行了严格的检查；对配套设备逐台作了试验；对六氟化铀原料进行了精确的分析，制备了每批启动所必需的标准样品；主工艺车间仪表自动化系统全部校验合格；各种操作规程经逐份审批，颁发执行；全体操作人员和管理干部都经过了严格考试，不合格者不准上岗，使成批机组启动的各项准备工作达到了高标准、严要求。此外，有关人员还认真总结了前 4 批机组启动运行的情况。结果证明，他们编制的《主工艺设备暂行操作规程》是可行的。这些都为第 5 批机组启动做了充分准备。

1963 年 12 月，第 5 批机组启动。这是气体扩散工厂能否提前取得合格产品的关键。在启动的这一天，厂领导都提前来到车间，对各项准备工作进行严格的检查后，随即启动。工艺级联中铀-235 的丰度在不断上升。

启动前，原子能研究所气体扩散实验室曾计算出在启动、转换及机组旁联等过程中，级联内各种铀-235 丰度随时间变化的曲线，第 5 批机组启动初期的实测数据与曲线吻合得很好。有了前期的技术准备，使他们更增强了取得合格产品的信心。

按照计算方案，1964 年 1 月 14 日这一天，产品丰度应达到90％以上。中午 11 时 5 分，产品容器的阀门被缓慢地打开了，蕴藏着巨大能量的高浓铀-235 自动流入容器。经过精心分析，产品质量全部达到部颁标准，气体扩散工厂取得了一次投产成功的重大胜利。当这一喜讯传遍全厂的时候，人们含着激动的泪水，无数双坚实勤劳的手紧紧地握在一起，久久不愿放开[10]。

1 月 15 日，二机部党组发来了贺电，称"这是我部事业发展的一个重要里程碑，为我部事业的成功创造了必要的条件"。1 月 18 日，毛泽东主席在二机部给党中央的报告上批示："已阅，很好。"

"很好"是党和国家最高领导人对这项工作的充分肯定。本来静谧的扩散工厂轰鸣起来了，互不关联的"兵马俑们"排队列阵，迈出了矫健整齐的步伐。这项工作经历了严密的逻辑思维，精确细致的计算，王承书和她的同事们付出了大量的心血。

因为级联如何启动，如何供料，如何取料才能尽早获得需要的合格产品，必须进行周密研究。王承书领导的理论人员与气体扩散工厂计算科的理论人员一起对工厂级联进行深入调查和分析，在当时刚开始使用的电子计算机上对工厂级联的静态、动态，特别是对启动后的动态过程进行大量的复杂计算，并计算出各批级联的丰度平衡时间，批与批之间级联衔接的供取料量及相应的丰度状态等。事实证明，运用这些计算指导工厂级联启动，完全能获得预期的结果。经过近两年的努力，气体扩散工厂终于提前获得了为原子弹装料的合格产品，为我国第一颗原子弹爆炸作出了贡献。

　　有关我国第一座气体扩散工厂的级联计算课题，解决了气体扩散工厂提出的分批启动和正常运行方案。理论严谨，数学方法恰当，计算结果可靠，工厂使用的数据准确，理论联系实际，属于国内先进的项目。参与计算的有俞沛增、段存华等人。《504 厂级联 9 批启动方案计算》项目，获得了 1978 年全国科学大会奖，王承书为第一获奖人。

　　高浓铀产品的提前获得，不但回答了气体扩散工厂能不能建成投产以及解决了从无到有的问题，而且为"两年规划"的实现，争取了极为宝贵的时间。

　　级联方案的计算和审定，是工厂启动的关键。上千台机器分批启动，以接力赛的方式联接起来，其中不能有丝毫的疏漏，分秒的误差。但是，分几批启动？每批之间如何衔接？启动后会不会因超临界而产生爆炸？能不能产生出合格产品？时间已不允许失败，不允许重来，一切必须建立在细微的计算，绝对可靠的理论上。

　　当时，我国仅有的一台每秒 15 万次电子计算机刚刚启用，计算任务很重，王承书团队的人员，经常是后半夜或者节假日里去进行计算。为检验结果的准确度，王承书坚持认真验证。上千台机器，每台要从 0.7% 的丰度算到 90% 的丰度，计算量之大是可想而知的。别的同志在计算中用左手敲键，右手列算式。但由于王承书力气小，左手敲不动键，她只能用右手中指压在食指上，一下一下敲键，然后再拿起笔，记下计算得到的结果。一个数据的取得王承书要用比别人大一倍的气力。

　　计算，推导；数字，公式；白天，黑夜……王承书的心全放在了工作上，甚至忘记了在寄宿学校里望眼欲穿地等着妈妈的心爱的儿子，忘记了家。

　　计算级联成了一条通向胜利的路，仅计算的正确数据就装满整整三个大抽屉。电子计算机算出的几十箱纸条，王承书全都过目审核[27]。枯燥的工作终于使运转方案诞生了。王承书没有使自己局限于从公式到公式，而是一次又一次到千里之外的兰州，现场指导级联的运行。

为了使工厂的同志们操作上方便，王承书和她的主要助手，画了一条丰度随时间变化的理论计算曲线图，这曲曲折折的线，不正是说明了他们研究中曲曲折折的路吗？

根据原子弹（代号 596）研制的总体要求，必须在 1964 年 1 月份生产出高浓铀产品。按照原方案，从第 1 批启动到第 9 批启动，需要 337 天，显然不能满足在 1964 年进行首次核试验的要求，苏联专家留下的"9 批启动 7 批取的产品方案"必须改动。王承书带领同位素分离研究室的研究人员，对"9 批启动 5 批取产品方案"进行了认真分析，仔细核对，试验论证，认为该方案切实可行。该方案上报二机部领导，经过正式批准后，开始执行。新方案执行后，出产品的时间比原设计方案提前了 113 天[5]，为首次核试验提供了装料和时间保障。

新的一年就要到了，王承书和她的助手带着他们的研究成果，登上了西去的列车。

吃饭的时候，王承书却犯了愁。她每餐饭量只有一两。她怕浪费，便找到列车上的炊事员，请求能少给一点饭。炊事员看着她高雅的气质，合体的裙装，误认为是归国省亲旅游的华侨，歪着头说了句："你们华侨饭量可真小。"

"华侨？"王承书愣了一下，她低头看看自己，摇着头笑了。

是的，难怪那位炊事员。谁能想到这位瘦弱的，年过半百的女子，是肩负着神圣而秘密使命的我国核燃料理论研究的领导者与开拓者呢？在十几个月后，当中国第一次核试验成功时，当你淹没在欢呼的人流，沸腾的热浪中，你还会想起这位列车上的"华侨"么？

工厂明天就要启动了，王承书伫立在旷野上，默默地看着这塞外的黄昏。浑圆的太阳渐渐西坠，一团红红的火球落到地平线上，显得那么大，那么红，那么明艳纯净。余晖将山野熔成一片赤金，罩上一片绯红，产生一股使人不顾一切地向它扑去的感召力。王承书好久没看过这样的落日余晖了，她心旷神怡。这火红的云霞，不正是献给奋斗者的永恒微笑吗？这绚丽的余晖，不正是留给世人的重笔彩绘吗？啊，人生，不也有朝阳般的灿烂，晚霞般的绚丽吗！王承书心潮难平：

此生有幸能和祖国的核事业联在一起,足矣[4]！

机器启动了,卧龙般的上千台机器,在工程技术人员操纵下一台一台伸开腰肢,翩翩起舞了。

在工厂的计算机室里,王承书和她的助手画的计算结果曲线图挂在墙上,人们紧张而寂静。王承书显得格外镇定自若,只是在微微泛起红潮的脸上,显示了内心的激动。

第1批样品分析结果出来了。王承书的助手将结果点在曲线图上,和原计算结果进行比较,吻合！第2批分析结果出来了,吻合！第3批……吻合！分析结果的点分毫不差地落在线上。人们兴奋了,这说明理论研究的成功。可王承书的眉峰微皱,她要的是最后结果。

又一批分析结果出来了。当人们把这批结果点在曲线图上时,愣住了,点子偏离曲线较多。是什么问题？人们紧张了。大家懂得,一点的偏离,都会使后果难以设想。就在这时,化验室传来了消息:分析样品出了些问题。修正后的分析结果出来后,点子再一次地落在了曲线上。

机器一批批启动,分析结果一批批出来,一切吻合,启动一次成功。被称为"宝中宝"的高丰度、高纯度的浓缩铀-235在王承书和她的同事们手中诞生了。

王承书后来回忆说:"我们带着电子计算机的计算结果到工厂,绘制了一套在级联几个取样点丰度随时间的变化曲线。启动后在计算科等待,分析实验室对取样分析的报告一到,我们就把一个小针插到绘图纸的相应位置上。随着时间的推移,小针的位置逐步上升,而且它们似乎是沿着曲线向上爬。这使我们悬着的心随着小针的上升而逐渐落下来。有一次小针的落点偏离曲线较多,大家不禁有点焦躁不安。然而,下一个取样分析的结果又回到曲线附近了,分析室也报告前一个结果有误,大家也放心了。我们就是这样,白天守在计算科,晚上在招待所等电话,1964年的元旦也是这样在工厂度过的[77]。"

中央对我国第一座气体扩散工厂的建设十分重视（见图13-2）。中央专委帮助解决了工程建设中的许多重大问题。我国第一座气体扩散工厂的建设还得到全国的大力支援。各地区、各企业都积极响应毛泽东主席"要大力协同，做好这件工作"的号召，不但抽调大批人员支援扩散厂的建设，而且还积极协助培训生产技术骨干。全国先后有 22 个城市的 81 个企事业单位，为扩散厂试制成功专用设备、仪器仪表和零部件 832 种，共 40 多万台件。44 个大、中城市的 237 个工厂开绿灯优先加工电器、仪表和标准设备 433 种，共计 14 000 多台件。许多单位还曾派出技术人员到厂协助解决技术关键问题，其中有中国科学院上海有机研究所，冶金研究所，上海电机厂、光华仪表厂，北京石油科学院、六二一厂、哈尔滨电机厂、汽轮机厂，瓦房店轴承厂，洛阳轴承厂，西安仪表厂等。气体扩散工厂的建成投产[10]，是一曲全国大力协同的凯歌！

图 13-2　我国第一座气体扩散工厂的主机照片

1964 年 1 月，在有关国防各工业部部长的会议上，二机部部长刘杰兴奋地对大家说："告诉大家一个好消息，核材料铀-235，已经研制出来了。"大家听了都很高兴。主持会议的国防工办副主任赵尔陆幽默地说："好！那好！我们已经有了大米，有了大米，我们就可以做饭了。"

是啊！当时，中共中央批准了二机部的规划，在国庆 15 周年时爆炸第一颗原子弹。邓稼先、王淦昌等专家正忙着原子弹本身的设计和研究，试验基地正等米下锅！在王承书等专家的理论指导下，气体扩

散工厂主工艺车间的上千台设备，像兵马俑似的排队列阵，迈出了矫健的步伐。1964年1月，合格的高浓铀产品生产出来了；4月，浇铸出毛坯，加工成原子弹的核部件；10月16日，硕大的蘑菇云在神州大地的西北角威武雄壮地升起[27]。罗布泊上空升起的蘑菇云，打破了超级大国的核垄断。王承书抑制不住心头的激动，两行热泪从她那瘦削的脸上轻轻流下[25]。

1964年4月12日，邓小平总书记和彭真副委员长到铀浓缩工厂视察，对该厂领导说："你们辛苦了。这个工厂建得不容易啊，你们为人民立了大功[73]。"在陪同人员中，邓小平总书记一眼认出了王承书。他说："我见过你嘛！1959年你胸戴大红花，参加了全国群英会。从此，你隐姓埋名，不知去向了，连你的先生张文裕也找不到你了！"王承书笑着点了点头。

聂荣臻元帅到兰州铀浓缩工厂去视察，听取过王承书的工作汇报。

在王承书及同事提前完成供给我国第一颗原子弹的装料任务后，钱三强副部长和王承书有这么一段有趣的对话。钱三强问："在这里（兰州）工作还有什么困难没有？"王承书平静地摇摇头："没有。"钱又问："那生活上呢？"王承书仍然很平静："没有。"钱又问："你有什么话要捎给文裕先生（王承书的丈夫）吗？"王承书的回答依旧是那两个字："没有。"工作上真的没有困难吗？生活上真的没有困难吗？真的没有一句要捎给亲人的话语吗？不是，绝对不是！一连3个"没有"，不是因为王承书不食人间烟火，铁石心肠，而是因为在王承书的心中这样那样的困难也好、夫妻恩爱儿女情长也好，所有这些与身上肩负的重大使命相比都微不足道、轻如鸿毛，根本就不值一提。

出色地完成了第一颗原子弹的装料任务后，上级领导给予了高度评价，但王承书没有贪天之功，她只说了一句话："我只是一个人，这都是大家的功劳。"名利看得如此淡泊，单凭这一点就足可认定王承书是一位了不起的女性，是一位卓越的女性。

第 14 章
动态研究很关键　保障工厂稳运转

　　王承书在对年轻人培训的同时，也对难题进行"会诊"，和出校门的晚辈聚在一起，各抒己见，她的大度风格营造出活跃的学术氛围。这里没有年龄与资历的差别，只有对科学真理的平等探讨。教室的黑板上，是大伙儿疾思走笔的场所，一个个公式写上去又被擦掉，一个个计算结果得出后又被否定，谁说得有道理就听谁的。

　　在对气体扩散技术的探索过程中，王承书负责的每项工作几乎都是开创性的。由于国外严格保密，扩散技术研究中许多重要的物理现象、规律以及计算方法都要依靠自己研究掌握。其繁杂和艰辛是常人很难想象的。

　　为了使并联工作段的相对负载满足最佳的条件，可将不同层级联间搭接处改为两股流，简称双股流并联。通过研究在双股流段几股流的流量起伏对级联效率的影响，确定对调节器控制的要求。王承书对级联双股流的控制问题进行了专门研究[39]。

　　在气体扩散工厂中，为了避免使用过多的机器类型，同时又尽可能得到较高的效率，其级联往往有一或数段用双股流并联方案。并联段内连接两个子级联的 4 股流中，3 股流由流量调节器控制，1 股由压力调节器控制。双股流的一个特点是：成对的两股流（如流 1 与流 3 或流 2 与流 4）流量差远小于该流值。它们的差仅为该流值的 1‰或更小。另外，调节器的控制不可能是绝对的，所控制的流量不可避免地

会有一定幅度的起伏。而这种起伏也不太可能小于1％。这意味着并联区主要部分中，净流改变的相对幅度很大，甚至可以反转方向。这种起伏对级联工作状态的影响就成了一个重要问题。通过研究这几股流量的起伏对于级联效率的影响，从而根据产品要求，确定对调节器控制质量的要求。

通过计算可知，双股流并联能提高并联工作段的效率。相比简单并联，它能提高效率10％左右。利用双股流并联方式，用较少类型的机器，获得较高效率的级联。这样，机器的造价可降低。对于生产高浓铀的气体扩散工厂，采用双股流并联更为有利。

扩散理论组，是一个年轻人占多数的集体。王承书特别器重和喜爱年轻人，当发现年轻人在某些方面考虑不周时，她就会提出自己的看法，并从中发现有价值的东西。

1961年9月，一位名叫严世杰的清华大学高才生分配到了王承书所在的研究室理论组。王承书把自己刚刚写完的两篇论文交给他校核。

作为新毕业的大学生，能得到领导的信任，严世杰心里很高兴，因此，看得也很认真。其中一篇论文是王承书和钱皋韵合著的。在进行公式推导过程中，严世杰认为一个地方不对，就找到了王承书，后来两人一同推导，发现原文是对的。原文中王承书有创新，用清晰的物理概念，简化的计算方法求解级联方程组，可满足工程上的需要。严世杰的数学推导没有错，因没有考虑实际的因素，而存在物理概念方面的问题。

对另一篇论文，严世杰也很认真地进行推导，发现一处可能有误，就找王承书一同推导，原文仍是对的。严世杰研究员后来回忆说："这次的体会太深刻了，我知道，科研工作不仅要勤于思考，还要有非常细致的，非常严谨的学风，这样的经历，胜过许多口头批评，真是终生难忘！"

通过这件事，王承书发现严世杰的数学功底非常好，但面对复杂的科学技术问题，必须有清晰的思路才能解决实际问题。因此在以后的工作中，王承书经常要求年轻同志先弄清楚物理概念，再进行数学计算。

王承书运用可靠的理论手段把复杂的级联理论方程组予以简化，科学地划分了各个启动过程中的丰度变化，在实际的启动过程中得到了很好的验证。

在 20 世纪 60 年代初，计算尺和手摇计算机是理论计算的主要工具，在如此简陋的条件下，难题一个又一个被解开了。在整个过程中，理论计算没有拖实验的后腿。

气体扩散工厂的主设备有成千上万台，主工艺车间延伸一里多地，对这么一个级联系统而言，任何"干扰"都会波及整个生产过程，使产品受到损失，影响工厂的稳定运转。

气体扩散级联水力学，是扩散法分离铀同位素工业的主要专业理论之一。气体扩散工业，一般简称为水力学。它以流体力学及自动调节理论为基础，讨论扩散级联设计，生产运行及调整中有关流体运动的理论问题。这里所讲的水力学和通常意义上的水力学，虽然名称相同，但其涵义与内容，却有根本区别。

用于大规模生产浓缩铀的扩散分离装置，因其单级浓缩能力极微，欲获取铀-235 含量显著高于天然成分的浓缩铀产品，需将大量单级相互连接。这种串接起来的分离级长链，便是级联。水力学的研究对象，就是级联中含有两种同位素组分的物料气体流动规律及调整问题。讨论中把两种组分的物料气体看成是单组分介质，并且只研究该介质的宏观运动，而不考虑其分子运动的微观过程（即同位素分离过程），这是水力学与分离理论和级联理论的不同之处。

为了保障气体扩散工厂的长期、稳定地运行，王承书和她的同事们深入研究了扩散级联水力学。当扩散级的阻力系数等参数已确定时，存在一个与该参数相对应的物体工作状态。通过级的水力学方程组，即可计算出级或级联的这一流体工作状态。各个阻力系数是与机器设计制造有关的参数，因此，常称为机器参数。而流量、压强与级联运行状态有关，所以通常称为流体状态参数。

用扩散法分离铀同位素时，为得到所需浓缩铀产品，从分离观点看，对一个级必须保证两个基本参量，一个是级的流量 G；另一个是级的浓缩系数 ε。这两个量表征级联的生产能力。设计级联时，假定

流量 G、浓缩系数 ε 为某一定数值。对已制造并安装好的扩散级，由于其他因素都已确定，浓缩系数 ε 只与流体级联的流体工作状态有关，也就是说，若级联中级的特征压强 p 和分流比 θ（即轻馏分流量 A 和级的流量 G 的比值）为确定值时，浓缩系数 ε 即为常数。换句话说，只要级联能保持流量 G、压强 p 和分流比 θ 为给定值，便可得到设计规定的产品。但是，问题在于如何使级联自动保持流量 G、压强 p 和分流比 θ 为规定数值。实践表明，在装有分离膜和压缩机，并无任何其他附加装置的扩散级组成级联中，不能得到确定的流体状态。即使在某些情况下有了暂时确定的流动状态，但是当扩散级联中一旦发生扰动，例如膜孔堵塞，水温变换，电频率波动，压缩机停车等等，流动状态都会发生改变，导致流量 G、压强 p 和分流比 θ 不能保持在给定数值，因而不能获得规定的产品[55]。这样，对于级联来说便产生了下列问题：

1）在级联中哪些因素影响流动状态？如何获得稳定的流动状态？

2）怎样达到并保持规定的流动状态？流动状态变化后，如何调整级联使其恢复到取得规定产品所需要的流动状态？

3）设计机器及附属设备时，应考虑哪些条件，才能节约能源和投资？

这些都是扩散级联水力学的研究任务，只有掌握了级联中物料气体的流动规律，才能取得预计的浓缩产品。

清华大学工程物理系的老师郭松涛、吴英禄在编写《扩散级联水力学》教材时，王承书同志给予了很大的关怀和支持，并提出了许多指导性的意见[55]。

扩散级联水力学由静力学和动力学两部分组成。中国科学院刘广均院士审核了静力学部分，王承书的学生严世杰研究员审核了动力学部分。

静力学对气体扩散工厂的启动十分重要，王承书和她的同事们对静力学部分进行了认真研究。静力学研究级联中与时间无关的流体工作状态，即只研究流体状态变化的结果，而不讨论其变化过程。这种流体状态，是级联运行过程中的一种相对稳定状态，它是扩散级联的通常状态。

在静力学中，级联分为各级相同和各级不完全相同这两类情况，然后分别加以讨论，它包含下列主要内容：

1）建立描述级的基本方程组。讨论调节装置中有关层流阻力器和调节器的水力学特征。

2）进行级联水力学特征计算。可分两类：① 正命题类，机器参数已确定，计算级的流量和压强。② 反命题类，给定级的流体工作状态，选择机器和管道的参数，确定合适的压缩机。

3）研究实际流动状态与设计规定流动状态之间的差别，即研究机器参数变化对流体状态的影响。

4）生产力的调整问题。

当级或级联的流体状态参数与时间无关时，或者说级或级联的流量、压强不随时间改变时，这时级或级联所具有的流体工作状态，称为级或级联的平衡态。

机器参数的变化，可能是各级相同的，如分离膜堵塞引起的渗透性下降，冬夏季水温的改变等，这样的平衡态各级相同。机器参数的变化，也可能仅在某一级或几级上发生，如某个压缩机事故停车，某台调节器失调等，这时级联新平衡态，对各级则不完全相同。在扩散工业技术中，级联平衡态也称为稳态或稳定状态（也有称为定态的）。

动力学对气体扩散工厂的运行十分重要，王承书和她的同事们对动力学部分进行了认真分析、研究和计算。动力学主要研究流体状态随时间的变化过程，分析级联中流体的动态稳定性。在动力学中，将级联分成无限级联和有限级联两种情况，其主要内容有：

1）建立动力学方程组。

2）讨论稳定定理和稳定判据，分析稳定性质，划分稳定域，以正确选择影响动态特性的有关参数，例如调节器时间常数。

3）研究流体工作状态变化的过渡过程。

由以上可见，扩散级联水力学是级联运行、调整、分析处理回路事故，正确选择机器参数，以确保级联有稳定流动状态的理论基础。在设计气体扩散工厂、研制扩散机等工作中，都需要运用水力学的有

关理论。

级联水力学的特点为：

1）水力学方程数目庞大。为简化计算，一般情况下，须略去诸如精料量 P 等若干次要因素。精料量的变化将引起级联分离过程的较大变化，因而它是级联理论中的一个主要参量。但对水力学来说，精料量与级的流量相比甚小，它对水力学特性影响较小，因此常常略去不计。分离理论和级联理论中的这类重要参量，在级联水力学中被当做次要量处理，这是由于着眼点不同所致。

2）对于级联理论，只要单级 G、ε 确定，级联特性与具体分离方法无关。即无论扩散法或其他分离方法，级联特性都相同。但对于级联水力学来说，描写级流体特性的基本方程，则与采用哪种分离方法有关，例如扩散机与离心机的基本方程差别甚大，调整方法也不同。虽然这里仅应用于扩散级联，但其一般原则，例如级联静态完整、动态稳定理论等，也适用于其他分离方法，而与分离级流动方程的具体形式无关。

3）级联中气体流动过程十分复杂，需要用到一般的自动调节理论和流体力学理论，但仅有这些理论还不完全够用，级联水力学具有它自己的特定内容。

在气体扩散工厂中，要保持同位素生产的正常进行，就需要级能够自动工作在设计的流体工作状态上。调节器能满足这种需要，并能消除外来的干扰。重馏分管道上的调节器和被调节器控制的扩散级，构成了级联自动调节系统。由于要求被调节级的压强保持恒定，或基本上保持恒定，因此，从给定值变化规律角度看，扩散级联是恒值调节系统。由于级联是由相当多的级组成，各级间流体状态又相互影响。因此扩散级联自动调节系统，有自己的特点，比一般调节系统复杂得多。

严世杰研究员回忆说："因为工作需要，王承书先生从家中带来了一本书，是索洛多夫尼柯夫主编的《自动调整原理》，该书是张文裕先生从苏联旧书店里买来的，对当时的工作帮助很大。"

在调节过程中，当级联受到干扰时，由于调节器中的某些元件能存储能量，使得执行机构的动作不能即时地随信号变化，而总是有些迟缓。因此，当被调级的压强已经达到给定值时，调节器执行机构因惯性关系，在短时间内还会继续向原来方向进行，这将导致被调节压强超过给定值，从而产生方向相反的误差。调节过程是一个振动过程，被调压强在给定值两旁摆动。调节过程完成后，级联流体工作状态达到某个平衡状态。这样，系统是稳定的。因此，稳定性是调节系统性能的一个重要标志。

在调节过程中，对过渡过程的快慢，即时间常数、振动次数以及被调量允许的最大偏差都应该有要求，这三点总称为调节系统的品质。当级联自动调节系统达到平衡后，被调扩散级压强值与设计给定值的差称为准确度。

稳定性、品质及准确度是扩散级联对自动调节系统的基本要求。

王承书和她的同事们，对扩散工厂的动态过程进行了深入研究，应用电子计算机对相关参数进行了大量及复杂的计算，为工厂运行中的动态过程提供控制精料的依据。为我国扩散工厂顺利投产及稳定运行作出了重要贡献。

严世杰研究员清楚地记得，1961 年大学毕业后，在六一五研究室院内小树林里举行的欢迎会上，钱皋韵副主任传达了钱三强副部长的讲话精神，钱三强副部长说：“苏联人给了我们技术，但没有给我们科学。希望年轻人多学科学知识，进而达到掌握科学技术。”在随后的工作中，严世杰对这段话有了深刻的理解。在王承书的带领下，他们学习了新的科学知识，进而掌握了气体扩散技术的规律，并在原有技术的基础上有了创新。

第15章

总结经验开新路　国产设备总设计

1964 年的新年钟声响了。这是胜利的钟声，它是我们彻底打破核垄断的佳音。

王承书抑制不住心头的愉快，激动。但她又是冷静的。当成功的喜悦还未消退，一股忧愁又涌上她的心头：现在我们用的扩散机都是国外的产品。我们需要丢掉洋拐棍，研制和生产自己的扩散机啊！

为了满足对浓缩铀不断增长的需求，1964 年初，国家有关部委决定筹建铀同位素分离研究所。正式下达研制大型国产扩散机的任务，任命王承书为总设计师，钱皋韵和李铭阁为副总设计师。刘杰部长郑重而恳切地对王承书强调："这是咱们的生命线啊！"在担任总设计师的中国第一台大型浓缩铀扩散机的设计制造过程中，她既负责全面领导，又亲自参加参数选择等工作。

王承书带领一批年轻人，在充分总结前几年理论研究成果的基础上，进行了大量计算，很快就完成了物理参数和总体参数的选择，及时提出了对主要部件的物理设计要求。如分离器的层数，膜参数，紊流器的选择等。

气体扩散机主要由分离器、压缩机、电机、调节器（阀）、冷却器、闭锁阀门和管道、弹簧箱这 7 大部件组成。在进行经济性分析计算时，由于当时对国产分离膜的研制周期还不能确定，所以就选用了一个兼顾各方的流体压力参数。

一般来说，研制新型扩散机对提高经济效益是有利的。但在确定扩散机分离能力时，必须从国家对核燃料的需要以及国内工业技术水平等方面，进行综合考虑。新型扩散机研制的主要任务是设计压缩机。在三机部的大力协助下，二机部于 1964 年冬，拿出了第一批压缩机设计图纸。

在气体扩散技术中的一个关键部件是压缩机，它能在要求的 UF_6 流量下给出所需的压缩比。气体 UF_6 的音速非常小，大约 80 m/s。因此，压缩机以超过气体音速的速度工作。

美国和法国的气体扩散工厂，使用强大的多级轴流式超音速压缩机。向压缩机供入两股流量几乎相同的气体流。第一股是通过前一级分离器中分离膜，形成低压下的被浓缩气体，这些气体通过轴流式压缩机的所有级，而在其出口达到高压强。第二股来自级联下一级分离器，沿着管状多孔膜流过的贫化气体，这股气体有着比高压强略低的中间压强。为了达到高压强，这股气体仅通过部分压缩机就可满足要求。这种做法能减少电驱动功率。

苏联采用了结构比较简单的单级超音速离心（径向）压缩机。在每一级安装两台压缩机。向第一个压缩机供入低压的浓缩气体，在压缩机出口升高到中间压强，这股气体会同贫化的气体一同进入第二个压缩机，从这里出来的是被压缩到高压强的总流量[74]。

我国自己设计的新型扩散机，它使用的压缩机又分为全流量压缩机和半流量压缩机。全流量压缩机是亚音速低能头压缩机。这种压缩机与一般压缩机相比有 3 个不同的要求：第一个要求能长期连续可靠地运转；第二个力求效率高、重量轻、结构简单、加工及装配工艺性好，尽量减少腐蚀损耗，便于清洗检修；第三个在材料、结构、镀层方面的选择均应考虑工作介质所引起的一系列要求。

在总体结构上采用双管道，双压缩机系统的方案，分离器立式安装，用调节器作为流量调整装置。到 1964 年年底，基本上把新型扩散机的总体参数和结构初步确定下来。随后，开始部件和单机的样机设计。

1965 年，新型扩散机进入试制阶段。1965 年初至 1966 年初，完

成了第一套新型扩散机单机总体及各部件的设计图纸。1966年4月,国务院国防工办在北京主持召开了"新型扩散机设计审查会",批准了该机研制方案。

第一批设计图纸经审查修改后,便开始进行加工试制,其中首先试制压缩机部件。1966年6月14日[10],周总理主持召开中央专委会决定:"更要注意抓紧大型扩散机的研究制造和工厂建设。"为大型扩散机的研制指明了方向。

1966年上半年,建成第一个试验台,即压缩机试验台,并立即进行了第一个部件的试验。期间,其他各部件的第一批样机也都陆续试制出来。到1968年年底,建成了第一个单机流体试验台,并开始单机流体实验。

1969年2月,组织了电机、轴承、隔套、铸铝材料等8个攻关组,经过整一年的单机实验,取得了第一批单机流体数据。之后对压缩机、电机、冷却器、分离器等主要部件又都做了一些修改。为了便于检修维护,把间距由2.2米改为2.6米,开始单机鉴定试验。

新型扩散机在周总理的亲切关怀下,先后组织了10多个省的100多个单位协作攻关。这是完全由我国自行设计、制造的大型扩散机,周恩来总理曾两次指示要抓紧研制定型。由于"文化大革命"的影响,该机到70年代后期才正式定型,曾经获得多项全国科学大会奖和国防科委特别奖。

王承书身负重任,可家里对她的工作却不甚了解,只知道她忙得不可开交,常年住单身宿舍,吃大食堂,一星期忙得电话也很少往家打。就连星期六回家,也是抱回一包材料,一头扎进去,就是一整天。难怪儿子抱怨:"妈妈好像不是这个家的人。家里什么事也不管。"是啊,作为一项重大工程的总设计师,她没有时间和精力放在儿子身上,一种强烈的事业心和责任感在她心底升腾,一心一意扑在事业上,这是一种真正的公而忘私。

新型扩散机第一台单机样机的试制,以605研究所为主,由上海先锋电机厂、苏州阀门厂和武汉锅炉厂共同完成[10]。从1966年开始试制,因受到"文化大革命"的影响,到1968年才建成试验台,展出新型扩散机的实物。与此同时，二机部、一机部对新型扩散机定点生产问题进行了研究，确定四川乐山东风电机厂和上海电机厂为压缩机生产总装厂；一部分部件分别由重庆水轮机厂、上海先锋电机厂、汽轮机厂、锅炉厂和郑州电缆厂承担；压缩机的配套部件调节器、阀门、管道等，由苏州阀门厂、沈阳高中压阀门厂、平顶山阀门厂和武汉锅炉厂等负责生产。

1969 年 2 月，国务院的国防工办决定成立"研制新型扩散机联合领导小组"，并设立了专职办公室。期间，二机部设备制造局做了大量的组织协调工作。领导小组的成立，加强了对新型扩散机研制工作的领导。同时，在二机部内部也组成了由研究所、设计院和扩散厂组成的三结合小组，负责重大技术问题的协调工作。1970 年 7 月，新型扩散机单机开始试验。接着，1972 年 2 月，第一个试验机组启动运行；1972 年 10 月和 1973 年 11 月，整个试验级联机组相继投入运行。

1970 年 10 月，从扩散工厂的运行经验中得到了启发，级联中每级有 2 个压缩机，对于一个有几千级的大型级联，有可能出现压缩机停车的现象。压缩机停车后，停车级相邻各级的流量、压力将产生较大偏移，浓缩系数也相应地发生变化，从而使级联的浓缩作用受到影响。由于压缩机停车产生的参数偏移称为"大偏移"。

"大偏移"就是扩散级联在正常运行，个别机器发生停车事故或机组进行旁联，半旁联等操作时，相邻若干台机器的运行状态立即遭到破坏，而大大偏离原运行状态。这种偏移集中表现为压缩机的工作点，显著左移甚至跃入喘振区，使压缩机不能工作。

为了解决"大偏移"问题，王承书带领理论研究人员进行了专项研究。因为每个扩散级有两台压缩机，一台为全流压缩机，一台为半流压缩机。轻馏分经半流量压缩机增压后，再进入全流量压缩机。压缩机性能由压缩机特性曲线、比功率曲线表出。压缩机主要流体参数为压缩机吸入口压强、压缩机压出口压强、压缩比、体积流量。描述单压缩机的完全方程组有 6 个方程，描述双压缩机的完全方程组有 9 个方程，进行压缩机的优化计算是很复杂的。

压缩机的特性曲线是以进入压缩机的体积流量为横坐标，以压缩

机出口压力和进口压力之比（即压缩比）为纵坐标绘制而成。管网特性曲线与它相交之点称为工况点或工作点。管网特性曲线变化的范围大，则要求压缩机特性线范围大。通过理论研究，明确了对压缩机的总体要求就两条：（1）设计点满足流量与压缩比的要求；（2）能适应管网特性线的变化而要求压缩机有很宽的工况范围。按照这些要求，压缩机顺利地解决了"大偏移"问题。

图 15-1 为王承书先生的生活照。

王承书担任总设计师的大型扩散机的代号，称为"4 号机"。王承书承担此项工作多年，严格按保密制度办事，对家人从未提起过。

20 世纪 70 年代初的一天，张文裕和当时的二机部部长刘伟

图 15-1　王承书先生的生活照

谈工作，临走时，刘部长对他说："你叫王承书好好抓'4 号'"。

张文裕莫名其妙。回到家里，对王承书说："刘部长叫你抓'四好'，奇怪，不是说不搞'四好'、'五好'了，怎么又让你抓'四好'？"

王承书笑了。张文裕把"4 号"听成"四好"。当张文裕知道自己心爱的妻子竟然是"4 号"新型扩散机的总设计师时，开怀地大笑："好呀，保密工作做到家了！"

望着丈夫那为妻子自豪而泛起红光的脸，王承书心里却涌起一种难言的内疚。作为妻子，作为母亲，她奉献给这个家的是太少了。她和张文裕结婚 30 多年，在一起的时间加起来不过 3 年！

她是妻子，不乏温情；她是母亲，充满母爱。然而，作为一个科学家、党员，她的爱更博大，她的情更深远；为了永恒的事业，她的爱更深沉，她的情更热烈。

第 16 章
做出成绩受尊敬　天安门城楼观礼

1966 年国庆节，王承书作为对社会主义建设有重要贡献的科技工作者，被党中央、国务院请上了天安门城楼观礼，见到了毛主席、周总理等党和国家领导人[19]。聂荣臻元帅在向毛泽东主席介绍王承书时说，她为我国第一颗原子弹的装料作出了巨大贡献，毛主席听到后，高兴地说："这是中国第一颗原子弹爆炸的女功臣[22]。"这是我国第一代最高领导人对王承书工作的肯定，也是对从事铀浓缩行业工作人员的褒奖。

同王承书一起上天安门城楼观礼的有葛昌纯等对国家建设有重要贡献的科技工作者。葛昌纯是北京钢铁研究院教授，我国著名的核材料专家、粉末冶金和先进陶瓷专家，为分离膜的研制作出了很大贡献。图16-1 为王承书、葛昌纯在天安门城楼观礼的照片。

图 16-1　葛昌纯、王承书在天安门城楼观礼

王承书十分崇敬周恩来总理，她在《怀念敬爱的周总理》一文中写道[19]："文化大革命"开始不久的 1966 年国庆节晚上，我们在天安门城楼上看烟火，周总理在忙着接待外宾，毛主席忽然走下城楼到金水桥畔，席地而坐与一些参加晚会的群众亲切交谈。当时远近的群众高兴得情不自禁地纷纷涌向毛主席，层层卫兵已到了很难维持秩序的程度了。看到这种景象，对主席的安全我们非常着急，真是一颗心提到嗓子眼了，就在这个时候周总理得到了汇报，只见年近 7 旬的周总理，健步如飞，三步并作两步地跑到毛主席身边，陪着毛主席坐了一会儿才将毛主席请回城楼。看到毛主席回来，我们的心才落下来，周总理关心毛主席的这一举动，给我留下很深刻的印象，使我更增添了对周总理的崇敬。

党和人民给了王承书荣誉，也增加了王承书的工作热情。

人们知道，天然铀中 99％以上是铀-238 同位素，铀-235 同位素仅占 0.7％，但只有铀-235 才能在热中子轰击下产生裂变反应，从而释放出巨大的能量。因此，无论是军用还是民用，均需把铀-235 的丰度提高，这就必须掌握铀同位素分离技术。由于这项技术的高难度和政治上的原因，国际上属敏感技术。

气体扩散法是利用在热平衡条件下轻、重同位素分子的热运动速度不同来实现同位素分离的。分离膜上有无数个细小微孔（孔径约 $10\ nm$ 量级），轻、重同位素分子以不同的速度在近乎分子流的条件下穿过膜孔，由于轻分子速度高，穿透到膜后的分子数较多，从而在膜后铀-235 同位素可得到富集。因此，分离膜是扩散法的核心关键元件。国际上几个早期发展核武器的国家，都是从掌握气体扩散技术而得以获得高浓铀的。

苏联可以制造孔径非常小的扩散膜，它能够在相当高的压强下长时间地在 UF_6 的化学腐蚀环境中高效地工作。它的机械强度允许它在变化压强和震动的条件下长时间工作。前期的膜由两层构成：支撑层和分离层。支撑层保证必要的机械强度，基本上由镍制成的扩散膜是一个直径为 $15\ mm$，长 $550\ mm$，壁厚 $0.15\ mm$ 的管子，分离层的厚度为 $0.01\ mm$，孔的平均直径为 $0.01\mu m$，这种膜有很好的分离特性，

110

能够工作十年以上而不需要再生[74]。

分离膜是气体扩散法分离铀同位素的核心部件，在气体扩散工厂里，其用量很大。从 1960 年开始，我国先后研制成功多种分离膜，供扩散厂使用。和其他研究工作一样，膜的研制也离不开理论研究、物理性能和化学性能研究和性能参数的测定。如何成批测试分离膜产品的性能，是分离膜研制中需要解决的问题。在所选择的试验条件下，如何才能使分离膜管内部气流从层流变为紊流，在试验中，有的技术人员在膜管中放一圆棍堵住部分空间，管中的部分体积被堵掉后，不仅气流速度可以增大，而且有可能成为紊流，王承书认为这种想法很好。在随后的试验验证中，分离系数提高了很多。王承书感到很兴奋，她认为如果分离系数真的变大，级联则可以缩短不少，一下就可以省掉上千台扩散机，可以节约很大一笔费用[78]。

为了测量分离膜的物理性能、化学性能、机械性能、分离性能，王承书和她的同事们先后建立了一系列的实验装置和测试设备，包括为分离膜鉴定的最后一个环节，浓缩系数的测定建立了一个小级联。这个小级联相当灵活，可以根据需要将它调整到不同工况下运行。这些研究工作为我国分离膜的研制创造了必要的条件。

从 1965 年起，分离膜的研制工作进入了提高性能和创新的阶段，配合新扩散机的研制，开展了丙、丁两种膜的研究；后来又集中力量主攻性能较优的丁种膜，1975 年完成了该项任务。此后的研制工作主要是根据扩散事业的需要，研制小参数、高性能的膜，已取得一定成果，其性能在有些方面已接近国际先进水平[10]。王承书除了指导分离膜的理论研究外，还经常到试验室了解试验情况。图 16-2 为王承书和钱新研究员、张俊章副研究员在实验室研究问题。

在独立自主、自力更生方针的指导下，王承书带领理论组开展《扩散级联经济性分析研究》[40]。这项工作计算了我国扩散工业今后发展的重要经济性数据，并对苏联在建厂设计中的某些不合理部分，提供了改进意见，这些意见已在我国自行设计的工厂中采纳，对提高级联效率具有一定的政治意义和经济意义。

分离膜是气体扩散技术的关键部件，正是在它身上实现了分子混

合物中轻、重分子的神秘分离过程。膜的质量，即平均孔径，对浓缩过程的经济效益有着决定性的意义。孔径越小，工作气体压强就可以越高，在不增加气体扩散级的条件下可以达到更高的分离程度[74]。

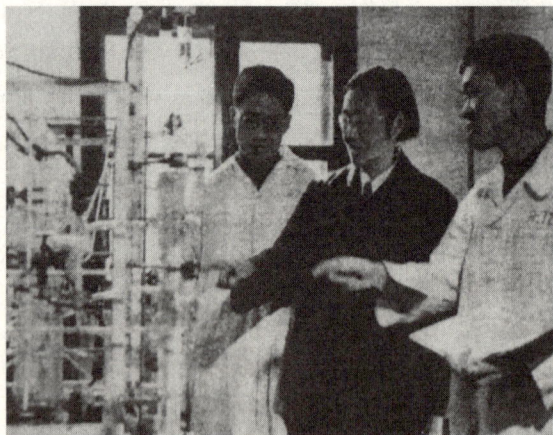

图 16-2　王承书（中）、钱新（左）和张俊章（右）在实验室

气体扩散工厂的工艺级联是由为数众多的几种不同型号的扩散机所组成，而级联效率的提高，是降低产品成本最有效的方法之一。结合我国具体情况，王承书带领理论组分析了贫料丰度对分离功价格的影响，选择了最佳贫料丰度范围。

电子计算机的广泛应用，为级联方案选优提供了良好的条件。在王承书的领导下，理论计算人员密切联系生产实际，做了大量工作，从而使级联结构更加合理，级联效率相应提高。

《扩散级联经济性分析研究》计算了我国扩散工厂分离功的单位，并估算了将来新工厂建成后分离功的单价，为我国发展气体扩散事业提供参考数据。

在新工厂的初步设计中，采用简化办法，结合我国的具体情况，进行了较广泛的计算，提出级联初步方案，并被新工厂采用。《扩散级联经济性分析研究》这项工作属国内先进的技术研究项目，参与分析研究的有段存华、黄更生等人，该项目获 1978 年全国科学大会奖，王承书为第一获奖人。

钱皋韵院士在一篇回忆文章中写道："王承书先生是搞理论物理

的，钱三强先生请她来开拓同位素分离这个领域，从专业和为人两方面考虑，都是选得太对了。当我们接手这项科研任务时，迫切需要的是先解决铀浓缩技术的工艺与工程方面的难题，还不是基础理论问题。她参与这项工作不久，就对她领导的理论组成员提出了一个要求：搞理论工作不能从理论到理论，更不能满足于推演数学公式，而是必须要做到数学建模结合物理图像，最后能以物理图像来解读理论结果，这样的理论对工程技术的实践才有指导作用。数十年来，她在不同场合反复强调这个指导思想，曾造就了这个工程技术领域中一批这样思考问题的理论工作者。我是搞实验物理的，关注的往往是具体数据，实验不成功，就换一个参数条件，有时不免有点随机性。后来我们注意了理论与物理实验的盲目性，又重视了实验数据对理论模型的反馈作用，避免了理论的局限性，做到了从事倍功半到事半功倍。事实证明，我们在分离膜和气体扩散机的研制，级联工艺中的工作介质的净化和事故处理等方面，因理论与实践结合得好，就处于知其然而知其所以然的比较自由的状态。从 1960 年起，在短短的十余年内，先后解决了许多难题，现在有些人看来，这些思想似乎应已顺理成章了，可是在五六十年代时，就要求理论工作如此考虑问题，是多么的不易。何况现在也还存在个别人，在工程物理领域的理论工作中，只会得出理论结论，而不去或不会去解决实际问题的现象"。

第 17 章

实事求是搞研究　设备定型靠实验

一位哲学家讲过，你不吃一口梨子，怎么能知道梨子的滋味，不从事改造世界的艰巨工作，怎么可能深入地了解世界原本的面貌？我们的理论家，要到生产实践中去观察现象，了解疑难杂症何在？要多做科学实验，要去浏览世界各国在科学实验上最近的那些进展，才能指导我们的科学研究。王承书正是这样做的。

诸旭辉研究员回忆说："王先生搞科研的一个重要特点是，始终坚持在攻关的第一线。正因为这样，她才能够准确地发现问题和解决问题。以扩散厂级联方案的攻关为例，当时提出的方案很多，光计算机的纸条就有几十箱，她不仅每个方案都关注，而且为了亲自验证一下方案计算的全过程，她自己还亲自上机计算了两个方案。当时的计算机打起来很费劲，她用一个手指按不动键盘，所以每次她都用两个手指按一下键盘；尽管算同样的数字要比别人消耗更多的体力，但她依然把两个方案清清楚楚地算完了。直到这时，她才认为自己心里有了底[24]。"

新型扩散机的研制过程，是个不断暴露问题和解决问题的过程。从 1970 年 7 月开始正式单机试验，到 1979 年 12 月研制定型，在长达 9 年半的时间里，先后暴露出许多重大技术问题。在二机部李觉副部长和专家王承书、沈保全等人的带领下，广大科研人员日夜奋战，将问题逐个加以解决，使新型扩散机达到了额定工况下各项技术

114

指标[10]。

1972 年 2 月，试验大厅的机组开始启动，大型扩散机的研制进入到新的机组试验阶段。在单机和机组试验中不断暴露出来一些新的问题，如停一工艺级时全流压缩机发生喘振；铸铝工作轮遭到腐蚀破碎；冷却器漏水漏气；紊流丝和膜管因振动磨碰而引起部分膜管破裂；闭锁阀门关不住和通道过流等问题。

尚未定型的部件，如电机、调节器、调节阀等在试验和试制中也暴露了新的问题，如电机水套漏水；四氟钢环隔套破裂；调节器制动机构不可靠；传动齿轮被粉末卡死和阀板摆动等问题。这么多问题的出现，对扩散机的研制是一个严峻的考验。正当研制工作遇到困难时，敬爱的周总理于 1974 年 4 月 12 日在中央专委会上对 4 号机研制生产工作做了重要指示，要求研制单位"要抓纲，要抓紧 4 号机的定型，要快"。这一重要指示极大地鼓舞和鞭策着研制人员去战胜艰险，去攻克技术难关。

为解决上述技术问题，王承书从北京来到研制基地，吃、住在研制基地一年多，和其他领导一起先后组织了 9 个技术攻关组，开展了找原因、技术论证，对发现的问题逐个反复试验研究，反复修改设计，取得了十多万个数据，解决了绝大部分的技术难题，取得了较好的成绩。

由于压缩机是扩散机中重要的部件之一，它的好坏直接影响分离性能以及消耗电能的多少。所以对压缩机必须进行充分的试验，改进，以求得效率高，性能完全满足要求的全流量压缩机。4 号机用的是亚音速全流量压缩机，经过了 5 代的不断改进，进行过 25 次的试验，终于达到了定型要求。

4 号机的半流量压缩机是离心式超音速压缩机，经过 4 代的改进，15 年的时间跨度，达到了定型要求。

中国工程院王玉明院士回忆说："压缩机是气体扩散机的关键部件，在研制过程中遇到的问题也最多。王承书先生强调，有些问题需要先从理论上解决，然后通过实验验证，看理论是否准确，譬如'大偏移'问题的解决过程就是这样的。然而有些问题，譬如叶轮最佳位置的确

定，虽然从理论上能划出个大致范围，但工程中准确的位置，还需要在实验过程中摸索。压缩机的研制成功，主要是在实际的不断摸索和修改过程中才达到设计要求的"。

压缩机的工作需要有性能优良的电机，因为气体扩散机内部所有压强都低于大气压，必须采用密封系统来保证高度密闭性。

4号机的电机，除带动压缩机外，还要适应扩散工厂的一些特殊要求。1）为了适应工厂瞬时停电的情况，电机应具有与电网配合时能适应瞬时停电 0.2 秒的全场自启动。2）电机的启动电压应满足一个分段（10 个机组）启动的要求。3）为了保证玻璃钢隔套的老化寿命，隔套夹层温度要求不大于 100 ℃，轴承的寿命在 3％ 的损坏概率下应保证使用 3 年。这些特殊的要求，给电机研制带来很大的困难。从 1965 年开始，到 1979 年，历经 7 代研制，才满足了使用要求。

在电机的研制过程中，着重解决的比较大的技术难题有以下几个方面：其中重要的是电机隔套温度问题，对于一般电机来说，耐温的薄弱环节是定子线圈，而对扩散机的电机，由于要密封电机转子，在定子和转子之间选用了多种密封方式。有磁密封、有动密封，比较成功的是采用玻璃钢隔套。这样耐温的薄弱环节就转移到隔套上。为确保隔套能安全使用两个检修期（6 年），隔套夹层温度必须低于 100 ℃。

杨宪铎研究员回忆说："在电机攻关的紧张时期，大家经常加班到深夜，在攻关现场，经常能看到王承书先生去了解进展情况的身影"。

在扩散机的研制过程中，当运行工况超载 15％ 时，半流电机的隔套夹层温度为 110 ℃，这是研制电机需要解决的大难题。就是千方百计地把隔套夹层温度降下来，半流电机要从 110 ℃ 降到 100 ℃ 以下。经过 10 多年的攻关，降低 2～3 ℃ 都是很费劲的事。在上海先锋电机厂的大力支持下，重新进行了设计，采取了 3 大措施，使半流电机隔套夹层温度大幅度下降，从 110 ℃ 下降到 90 ℃，为 4 号机的定型起到了关键作用。

1974 年，大型扩散机的关键部件之一动密封通过了单台试验，性能良好。国防科工委和二机部主要领导来研究院召开会议，商讨定型问题。在会上，汇报人受"左倾"思想的影响，夸大了动密封的成绩，认为可以定型。上级部门的领导都很高兴，会议呈现出可以定型的气氛。参加会议的科技人员虽有不同意见，但没有机会发言，说实话，在当时的氛围中，也不敢发言。此时，王承书抱着对祖国负责的信念，坚持实事求是的科学态度。大胆地提出了异议。她首先肯定了动密封研究工作的成绩，但着重指出，在实验室过关的技术和工业应用之间，单机试验运行和数以千计的装置在级联上长期运行之间，是有很大差距的，还有许多工作要做。她请求上级再给半年时间，在短级联上做扩大试验后再做定论。王承书的意见言之有理，获得与会者和主管部门的赞许。严肃、严谨、严格、求实的科学精神，在"假大空"炉火正旺的时期顶住了虚夸的风气。后来的事实证明，经多次扩大试验，动密封确实不具备工业生产条件，从而避免了因决策失误而给国家造成的损失[11]。

　　扩散机研制过程中，对许多部件和材料有特殊的要求，需要全国的大力协作。王承书经常深入到一线，去了解一些材料性能和生产过程。图 17-1 为王承书在鞍山钢铁公司的高炉旁了解特种钢的冶炼情况。

图 17-1　王承书（右）在鞍山钢铁公司的高炉旁了解特种钢的冶炼情况

　　王杲研究员回忆说："在压缩机的研制过程中，需要一些特殊的铝材。王承书把她获得的有关材料参数，很工整地抄写给我，大约有 10

多页纸，表现出科学工作者的严谨。她写参数的那些纸，我保存了好多年"。

王承书说过："我40多岁才回国，我的青春年华大多耗费在美国，我对祖国已经负债很多，现在国家又这么信任我，把这么重要的工作交给我，这在国外是无法想象的，我怎么能怠慢，不全力以赴呢[30]？"

梁鸿英副研究员回忆说："1976年7月28日，唐山发生地震，波及气体扩散机的研制基地，当天，王承书正在研制基地指导工作，地震发生后，她没有马上离开，而是等待抢救工作结束，职工得到妥善安置后才离开"。

诸葛福研究员回忆说："唐山地震后，研制基地的相关厂房倒塌，王承书先生冒险带着段存华，严世杰和我到研制基地，到厂区察看受灾情况，和有关方面商讨抢救方案，晚上在招待所我们继续讨论时，突然发生了第二次强烈余震，招待所不能住了，基地内职工都有自己搭好的防震棚，我们没有。基地的同志就找来一辆吉普车，王先生和我们几个人一起挤坐在吉普车中过夜。第二天一早，王先生又坚持工作，直到工作安排都满意后，才带着我们一起回北京"。

李文洪研究员回忆说："在新型扩散机研制过程中，我在科技处工作，主要负责成果管理。王承书作为这项工程的主要负责人，对产生的研究报告审核的特别仔细。大到研究思路是否清晰，中到误差分析是否合理，小到标点符号是否正确，不放过任何不恰当的问题，从研究报告这一关保障了成果的含金量很高"。

为了进一步挖掘新型扩散机的潜力，1979年3月，在流体试验台上还进行了改进型新扩散机的试验，取得了满意的结果，使单机分离能力提高了33%，研制工作有了新的突破。新型扩散机的主要性能参数已符合设计指标和工厂使用要求，主要配套产品和主要原材料可立足于国内，具备了完整的设计图纸和生产验收技术条件，各制造厂已基本掌握了它的工艺和工装技术。

1979年12月，第一机械工业部、第二机械工业部联合在北京召开了"新型扩散机定型会议"，通过了扩散厂运行验证和国家级鉴定。这一重要成果是由国内13个省、市和第一机械工业部、第二机械工业部、冶金工业部、石油化工部、轻工业部、国家建材总局、国家物资总局等所属 100 多个单位共同协作完成的。通过新型扩散机的研制，不仅为国内核燃料生产提供了重要装备，而且为气体扩散工厂提供了大量有参考价值的数据，把气体扩散技术推进到一个新的高度[10]。

王承书率领的团队，以极其严谨坚毅的工作态度，实现了扩散技术的突破和飞跃。这种工作态度与风格，正是踏实求真、精益求精的精神。她在气体扩散技术领域的贡献，更是推动了铀浓缩技术的创新升级。

新型扩散机的研制倾注了王承书的大量心血。然而，在获得的近百项成果中，她没有在任何一项成果中署名。

张哲是王承书的独生儿子，可她这位当过总设计师、总工程师、副所长的女专家，却从未在儿子身上使用过哪怕是一点点权利，她儿子从 4 岁起过的就是幼儿园、寄宿学校的集体生活，直到长大成人、插队、当锅炉工。当然，她非常爱自己的儿子，当儿子因自己是工农兵学员，对考研究生望而生畏、不敢涉足的时候，她以母亲的慈爱鼓励儿子勇敢地去考，而且告诉他，"考而后知，不考怎么知道你行不行？"儿子在她的鼓励下应试了，而且考中了。

多年以后，她的儿子张哲曾经说道，"虽然我妈没说她经常去兰州、四川等地方干什么，但我爸是搞高能物理的，他应该能猜到我妈干啥去了，我那时候还小，印象中我妈喜欢穿裙子，很年轻，很漂亮。中间也偶尔从兰州等地方回来，匆匆忙忙的。17 年之后，当妈妈正式调回北京城里，对我们说不走了，我这才回过神来，妈妈怎么已经是个老人了。"

第18章

坦然面对莫须有　关注国外新苗头

> 一个人不会总处在波峰，也不可能总跌在谷底。
> 一个追求事业的人，注视的不是自己所处的位置，
> 而是自己追求的目标。

1966年，"文革"刚刚开始，直接点王承书名字的大字报就出来了。大字报上指责王承书像是电影《舞台姐妹》里的竺春花，奉行的原则是清清白白地做人，认认真真地做学问。

不错，家庭的教育、父亲的典范，使王承书有着很深的传统观念，规行矩步，信奉着"与世无争，独善其身"的信念，想清清白白地做人，认认真真地做学问。她最初投身科学，只不过不甘心做一个旧式的贤妻良母，渴望以此解放自己。

然而，五十余年的经历，使王承书亲身体验到：政治从来都是要把科学卷进来的。更何况王承书这样具有强烈的民族主义和正义感的科学家。

新中国成立前，王承书有一种报国无门的切肤之痛，挥泪走他乡。

第二次世界大战中，纳粹德国残酷地迫害进步人士和犹太人，许多科学家被杀害，大批优秀的科学家失去工作条件，四处逃亡。仅德、奥两国就有爱因斯坦、梅特纳等2000多名科学家被迫移居世界各地。

在战争中，一切都纳入了战争的轨道。科学家无权选择自己的研究方向，被迫进行武器研究。

亲身经历了报国无门的切肤之痛，亲眼目睹了战争对科学的无情摧残，王承书懂得了一条真理：当社会处于污浊之中，科学家清白不了；当社会处于动乱之时，认真做学问只是空想。

随着"文化大革命"的步步深入，清的不清，白的不白了，王承书头上帽子的规格也在一步步地升级，她被打成了美国的高级特务，"高级特务"这顶帽子拿在群众手里，像一把利剑悬在王承书的脑袋上方。她进了学习班，只好半天劳动，半天工作。

学习班中，要应付喋喋不休的盘问。他们硬说王承书从美国带了个发报机，让王承书老实交代发报机是怎样处理的，放在什么地方。

王承书忘不了为了祖国刚刚起步的半导体事业的发展，她和张文裕从美国购买、托朋友王浩带到英国的那批元件的一波三折，那种冒险，完全是为了祖国呀！也许他们讲的发报机就是指这批元件，这简直是天大的笑话！王承书拿起笔来，如实地写下了"交代"：我没有带回发报机，所以也不知道如何处理的。

面对莫须有的罪名，王承书坦然而且自信。最使王承书不能容忍的是科研工作受到了冲击。她不愿虚度光阴，耗费生命，除了每天应付那恼人的盘问，没完没了的交代，王承书感到很不适应。

陆聚林副研究员回忆说："在'文化大革命'中，王承书从研究所领导转到实验组劳动锻炼，我们在一个办公室一年多。每天王承书总是提前上班，最后下班，和大家的关系处得十分融洽，看到谁家里有经济困难，她总是出手相帮，是个大好人"。

段存华研究员回忆说："王承书先生对理论指导实际工作的认识是逐步提高的。在美国时，王先生曾提出过一个理论，当有人按理论进行试验时，发现理论与试验不符，当时她认为是试验方法不对，自己的理论没有问题。但没有去分析和查找原因。

在指导气体扩散工厂正常运行时，他们计算出的丰度变化曲线，经实践证明是正确的。

在"文化大革命"中，气体扩散工厂的领导权被剥夺，新的革委

会认为理论没有用，将理论研究室撤销，人员下放。在生产过程中外行人掌权了，因为他们不懂稳态与非稳态的关系，连续生产多日，就是取不出合格产品。这件事惊动了聂荣臻元帅领导的国防科工委，责令二机部派专家前去解决问题。王承书团队中派出段存华和黄更生到了现场，查看他们的取料过程，因为他们在没有达到稳态时就取料，自然得不到合格产品。

段存华让工厂方面找出以前专门计算的丰度变化曲线，并告诉他们停止取料，待工厂运行到新的稳态，达到各个取料点计算出的丰度变化数值时，再取产品。按专家的要求，工厂运行一段时间后，就顺利地取出合格产品。

段存华回京后，向王承书汇报了此事。令王承书高兴的是，他们的理论在实践中再次证明是对的。同时也使她感到，当试验出现问题时，应到现场了解具体情况，分析原因，找出解决问题的办法，才能进一步证明理论的正确性。通过这件事，王承书对理论指导实际工作有了新的理解。

通过这件事，气体扩散工厂不得不把下放的理论人员请了回来。"

经过"文革"，王承书明显感到我国与国外的差距在扩大，这使得她更加渴望了解国外同行的发展动向。

当科技人员从核工业情报所获得1975年在伦敦召开的国际铀同位素分离会议论文集的资料后，她认真阅读，仔细推敲，从中汲取新的知识，并组织有关人员进行翻译。

五六十年代毕业的大学生，在学校时大多学的是俄语，毕业后不久，中、俄两国关系恶化，俄文资料很少。再赶上"文化大革命"运动，不仅影响到专业，更影响到外语翻译的水平。当看到新引进有限的英文资料后，王承书就鼓励年轻人去自学第二外语，并答应帮忙校对。清华大学工程物理系的高才生吴文政研究员回忆说："王先生让我翻译英文资料时，我有些发憷，但先生说：'小吴，别怕，翻好后我帮你看看'。当我把翻译稿请先生过目时，她从专业知识、翻译技巧、中文修养3个方面把关。用另外纸写的比我翻译的页数还多，比她自己翻译一遍还要累，但当该文后来准备出版时，她连校对的署名都不让签，这件事对我印象很深。后来，这也促使我更加用功去学习外语"。

诸葛福研究员回忆说："在我们翻译外文资料时，王先生要求对公式进行推导，当时很不习惯。但后来发现，这种办法很好，首先能加深对物理意义的理解；其次能判断出结论是否正确；另外，可避免以讹传讹，保证翻译质量。同时，对提高业务水平很有帮助"。

吴文政主任后来说，"有些人认为翻译外文资料只要外文好就能翻译好，其实不然。对于我们的专业，必须对专业知识有深刻认识才能理解新的知识点。有时外文的内容看似明白了，但在用中文表达时，似乎又讲不明白，这是中文修养不够的表现，必须狠抓基本功"。

张敦航研究员回忆说："王先生组织我们进行翻译时，都是根据所学专业进行任务分配，当译好后，王先生看得特别仔细。她认为外文翻译意思不能错，更重要的是中文语序不能乱，因果关系要讲清楚。标点、符号更不能马虎。校对得特认真，我的印象特别深"。

在获得的国外资料中，透露出了一些美国和法国气体扩散工厂的信息。美国政府拥有 3 座气体扩散工厂，私营承包商负责工厂的运行。其中联合碳化物公司核子部负责田纳西州的橡树岭工厂和肯塔基州的帕杜卡工厂，古德意原子公司负责运行俄亥俄州的朴次茅斯工厂。美国的扩散工厂共有 7 500 多个分离级，总共投资约 21 亿美元。

分离过程的基本单元是分离级，一个分离级的主要部件有：装有分离膜的分离器、压缩机、控制阀门、气体冷却器以及电机。由于单级浓缩系数很小，需要大量的单级串联成级联才能达到所需的丰度。

虽然美国 3 个扩散工厂完全可以分别单独运行，但是作为一个整体的联合企业运行，可以达到更高的总生产能力。3 个工厂从地理上看相距甚远，厂间流程靠运输装有气体的容器来衔接，为了最大限度地降低分离功成本，就需要制造大型分离级部件。分离器的直径大约 3.4 米，长大约 5.8 米，由镀镍的钢板制成。它的分离器是水平放置的[48]，为了使气体循环并保持跨分离膜的压差，使用的是轴流式压缩机。每台压缩机重 16 吨，由 1 600 千瓦的电机驱动。由 8 级最大尺寸的设备组成一个机组，以达到经济合理，连续运行和便于维修的目的。机组是可以从级联中单独断开的最小单位。工艺系统中所有含腐蚀的

部分都封闭在隔间内,以维持需要的工作温度。

对于工厂的安装,由于规模大,过程复杂,要求自动化仪表能可靠地远距离操作。生产设备安置在工艺大厅的二层,在每个机组的下面底层装有仪表盘,包括气动的、电子的和电气指示仪,以及为控制温度和压力用的控制仪。同时,在底层还装有配电网设备,电器接头以及便于机组检修装卸用的远距离操作阀门控制器。每一个厂房都有一个提供关键数据和保证扩散机及其辅助系统有效运行的控制室。每级的供电情况可以在此显示,厂房的用电负荷也可以在这里控制。单个机组都可以旁联或停车。在控制室可以监测和控制润滑油、生产服务和其他辅助系统。

看到这些资料后,作为大型气体扩散机的总设计师,王承书感到,我们的设计思路是正确的。当然,我们的差距也是明显的,需要迎头赶上。

1974 年,一份外文杂志上发表了美国人写的一篇报道,说美国铀同位素用的分离膜性能提高了 23 倍。这引起了王承书的重视,她让年轻的科技人员董德有去调研一下,搞清楚到底是什么提高了 23 倍。董德有经过调研以后,首先否定了分离效率提高 23 倍的假设,倾向于可能是分离小孔的孔径缩小到 1/23。董德有满以为自己的调研报告不错,王承书看后认为,孔径缩小可能不准确。她从调研报告中分析,很可能是生产能力扩大了。董德有又经过深一步的调研。证实了王承书的判断是正确的,确实是生产能力提高了 23 倍。董德有研究员后来回忆说:"从这件事可以看出,她不是人云亦云的人,她的能力,她在科学判断上的严谨性和准确性是非常令人敬佩的[24]"。

在审校翻译法国的资料中,王承书明显感到,法国的扩散技术有其明显的特点,有许多可取之处。它的分离器与美国的不同,是采用立式配置的。法国立式配置使分离器结构紧凑,电机、压缩机、冷却器、分离器自下而上安装在同一轴线上,级间管道大大缩短,厂房的平面面积也有所降低。

法国的气体扩散工厂有 1 400 个分离级,划分为 70 个机组,每个机组 20 级,由 3 种不同尺寸的机器单元组成机组,各机组间用串级间管道按一定形式连接成一个级联。在供料、贫料及精料（产品）端都有相应的供取料系统。此外，为了保证级联的正常运行，还必须有各种辅助管道系统、冷却系统、真空系统、氟气系统等。

钱志高副研究员回忆说："我翻译了一篇法文的博士论文，有100多页，请王先生审校，她看得很认真，改了好多地方。随后内部出版时，王先生打电话，说还要仔细研究文章的内容"。

1976年，李儒顺、淑琴、严明、金杰、张敦航、徐芳、京宁、江建平、参木、纯华、过强、夏冬、陈月琴、黄杰、云松、曹航、学步、园丁等人翻译了1975年3月在伦敦召开的铀同位素分离国际会议的论文集《铀同位素分离》[12]。王承书为此书进行了认真的审校，该书1980年由原子能出版社出版。在翻译者中，有的是真名，有的是笔名，有的是孩子名。其中：淑琴为王淑琴，严明为严世杰，徐芳为徐品芳，纯华为段存华，过强为过松如，夏冬为夏有功，黄杰为黄更生，云松为诸葛福，曹航为曹其行，学步为钢帖木尔。郭臻是王承书先生的笔名。

钢帖木尔副研究员回忆说："我学的英文是第二外语，翻译《浓缩铀的市场，供应和商务》一文时，涉及的内容很多，除了技术问题外，还有市场、展望等内容，王先生校对得很仔细，并把我叫到她的办公室去讨论翻译中的问题，真有学步的感觉，对我印象很深"。

1978年，陈聿恕、过松如、瑞世庄、张永生、顾震南等人翻译了美国核能学会专题论文《同位素分离》[14]，王承书为此书认真审校，该书1983年由原子能出版社出版。

1980年，段存华、过松如、李正千、李骖等人翻译了美国核能学会公开出版的有关铀同位素分离的书，书名叫《铀浓缩》[13]，请王承书为此书审校。她不但认真核对了全书，对书中每一个不恰当的地方，她都逐字逐句提出了修改意见，甚至对用字不规范的地方也没有放过。该书1986年由原子能出版社出版。

通过跟王承书学外语，使更多的年轻人开始关注国外新技术的发展，一批年轻人的专业技术水平、外语翻译水平迅速得到了提高。

第 19 章

资深稳重人缘好　接待华裔科学家

　　20 世纪 70 年代初，有许多美籍华裔科学家不断地回国探亲访友。这些人多数是王承书夫妇在燕京大学时的同学，或者是在西南联大时的学生，还有一些是在美国时关系很好的朋友。因此，领导让王承书参加了多次接待外宾的工作。

　　为了打开对外交流的窗口，周总理虽然日理万机，还是抽空接见了美籍华裔科学家中的许多人。除病重期间外，高能物理学家杨振宁博士几次回来都受到了周总理的接见。

　　王承书在纪念文章中说："周总理平易近人、关心群众。我参加过多次周总理接见外宾的工作。每次接见，外宾来到之前，周总理总是先来，和大家一一握手，并询问一些情况。记得是在第 3 次参加周总理接见时，周总理对我说：'昨天我才把你的名字和张文裕这二者连在一起'。周总理的话使我感到一种异常的温暖。像我这样一个普通的老知识分子，能够见到周总理已经够幸运的了，哪里想到这么忙的周总理还在关心着自己，我绝不辜负敬爱的周总理的亲切关怀[19]"。

　　1971 年，杨振宁作为美籍华人著名科学家访问中国，开启了中、美科学、文化交流的大门，引起不小的震动。当时，杨振宁向周总理提出要见一见自己的老师和好朋友张文裕、王承书夫妇，同学邓稼先，经过有关方面的联系和安排，他们在北京友谊宾馆见面了。图 19-1 是王承书夫妇与杨振宁、邓稼先在北京友谊宾馆的合影。

图 19-1　张文裕、杨振宁、王承书、邓稼先 1971 年
摄于北京友谊宾馆（从右向左看）

1971 年 7 月 28 日，周总理在人民大会堂亲切接见并宴请杨振宁和他的家属。周总理与杨振宁亲切交谈，谈话内容从科学研究、社会问题、国际动态到家庭生活，毫无拘束。王承书参加了这次接见，并合影留念（见扉页图 2）。

1972 年，杨振宁偕夫人杜致礼再次返回祖国探亲、讲学，受到祖国政府热烈欢迎和接待。周总理接见并设宴款待杨振宁。

王承书回忆说："周总理接见杨振宁的时间往往历时五六个小时，有时到深夜。记得一次到夜里 3 点，我们走后周总理还要处理其他的事。当时我们只觉得总理太辛苦了，哪里知道那时周总理已患癌症[19]"。

1973 年 7 月 17 日，杨振宁夫妇第 3 次回国探亲、讲学，杨振宁向中央提出要拜见毛主席，很快，杨振宁就接到通知，受到了毛主席的亲切接见，并合影留念。

周总理在人民大会堂安徽厅宴请了杨振宁夫妇和杜聿明夫妇，气氛非常融洽、亲切。杜致礼跟周总理开玩笑说："你们是重男轻女，杨振宁是安徽人，酒宴就设在安徽厅，我可是陕西人哩！"总理听后哈哈大笑。此后，杜致礼欣然返陕到西安探亲游览，受到省政协的热情接待，在亲属的陪同下参观了西安的名胜古迹，留下了美好的印象。

杨振宁多次回国探亲，在国际上引起很大反响，这期间有李政道、

陈省身、牛满江、袁家骝等 100 多位美籍华人科学家回到祖国访问，打开了祖国与国外的科学交流之门。

袁家骝与王承书是燕京大学的校友，袁家骝、吴健雄夫妇回国，王承书参与了接待工作。1973 年 10 月 10 日，陪同袁家骝夫妇参观原子能研究所，交流学术研究情况。1973 年 10 月 15 日，周总理在接见袁家骝、吴健雄夫妇时，问在座的张文裕："高能加速器的研制工作进展怎么样?"张文裕回答："不怎么样，很缓慢。"周总理听了生气地说："这怎么行呢，第 4 个五年计划已经过去了 3 年，只剩下两年了，不抓紧不行。"他嘱咐在场的中国科学院副院长吴有训，要科学院赶紧制订出方案来，又鼓励张文裕等人一定要排除干扰，尽快把这项研究搞上去。

谈到杨振宁、李政道和宇称不守恒时，有一位杰出的中国女性是绝对不能忘记的，她就是吴健雄。吴健雄博士在这场美国发生的、被物理学界称之为"'宇称不守恒'的革命"中，有着重大贡献。

杨振宁和李政道从理论上怀疑宇称作用于基本粒子弱相互作用的正确性后提出，如果在弱交换作用下，奇偶性不守恒，那么原子核的 β 射线应呈轴向的不对称分布。两位科学家为了证明他们预言的正确性，找到了吴健雄博士。吴健雄有许多新巧的物理实验技术广泛地为其他物理学家所采用，许多物理学家在实验中遭遇困难，也会寻求她的协助。在杨、李提出请求后不久，吴健雄博士就与华盛顿的美国国家标准局的阿贝尔博士商讨合作这一实验的可能性，实际工作在 3 个月后开始。她在极低温度（绝对零度以上 0.01 摄氏度）的磁场中，观测钴-60 衰变为镍-60，及电子和反微子的弱交换作用，果然电子及反微子均不遵守宇称守恒原理。

实验成功了，吴博士证明了杨振宁和李政道的理论，推动了物理学的发展。瑞典皇家科学院将 1957 年的诺贝尔物理奖，颁发给杨振宁和李政道两位博士，因为他们开启基本粒子"弱交换作用"一些规则的研究，使人类对物质结构内层的认识迈进了一大步。美国作家李·伊得逊说："吴健雄博士经过了不知多少次艰辛而复杂的实验，方使杨、李二位在理论上的突破，获得了实验上的证明。"吴健雄在实验中发现了电子倾向于左手旋的现象，不仅改变了物理科学中"宇称守恒"的基本信念，同时也影响到化学、生物、天文和心理学的发展。虽然吴健雄博士没有得到诺贝尔奖，但她所从事工作的重要性并不因此而降低，其他荣誉纷至沓来，而更显得成就辉煌。普林斯顿大学授予她荣誉哲学博士学位时，校长郑重地宣布：吴健雄博士已充分获得被称誉为世界上最伟大物理实验学家的权利。宇称不守恒原理彻底改变了人类对对称性的认识，促成了此后几十年物理学界对对称性的关注。

高能物理学家丁肇中教授是从密歇根大学毕业的，与王承书是校友。1975 年 11 月，当他回国访问时，送给王承书一台计算器，当时国内还没有这种先进的计算工具，但她自己没有使用，而是转送给下属理论计算人员使用，给大家提供了很大方便，大大提高了计算速度，提高了工作效率。

1978 年，王承书调到二机部机关工作。随着改革、开放的新形势，她也参加一些公开的会议，但不发表论文。图 19-2 为 1980 年 1 月，王承书在广州出席粒子物理讨论会，与著名物理学家们的合影。

图 19-2　钱三强、杨振宁、周培源及夫人王蒂薇、
张文裕、王承书、李政道合影（从左向右看）

1990 年，吴大猷先生回到大陆访问，将他编写的一套物理学著作（共 7 本）及《八十述怀》等书赠送给张文裕、王承书夫妇。图 19-3

为《八十述怀》扉页上吴大猷先生的签名。

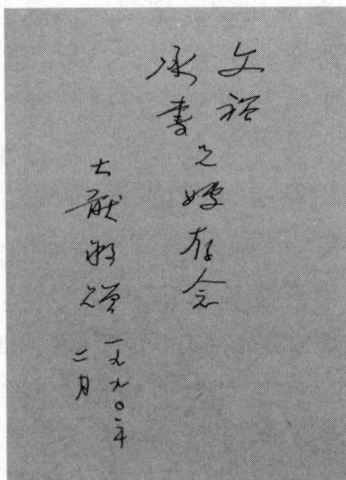

图 19-3　吴大猷的签名照片

1993 年 5 月，在北京钓鱼台国宾馆召开的华人科学家物理学会会议上，王承书与密歇根大学的学长吴大猷重逢，多年的老朋友见面了。图 19-4 为王承书与学长吴大猷和李政道在一起的照片。

图 19-4　王承书与李政道（中）和吴大猷（右）在一起合影

第 20 章

欲列世界最前沿　组建队伍搞科研

中国工程院钱皋韵院士在回忆中说："'文革'尚没结束，王承书刚刚被解放。她就率先提出并组织了激光分离铀同位素的理论研究，使我国在这一科学尖端领域赶上了国际的先进水平，用王承书的话说，就是在牵涉发展方向的新领域里布下了几粒棋子[24]"。

事情就是那么奇特可笑，一个激光同位素分离理论研究小组，竟在"大老粗"对"臭老九"的全面专政中悄悄地诞生了。没有那么多的雨露滋润，他们却在用心血哺育这棵幼芽。没有那么多的阳光普照，他们却在用生命培植这棵幼芽。王承书和她的研究小组，盯上了世界上的先进技术，进行了卓有成效的工作。

激光分离铀同位素是一种基于激光束对同位素原子或含同位素的化合物分子的选择性激发来分离同位素的方法。其原理是根据原子或分子在吸收光谱上的同位素效应，利用激光的高度单色性、很高的光强和波长连续可调的特性，用特定波长的激光选择性地激发同位素混合物中某一同位素，进而产生电离或离解，未被激发的同位素仍处于基态。由于受激同位素原子或分子在物理和化学性质上与基态原子或分子差别较大，采用适当的物理或化学方法，即可使它们分离，从而获得富集的同位素。

由于激光分离同位素具有高度的选择性，分离系数很高（浓缩铀同位素时分离系数高达 10，或者更高）。因此，可以减少级联装置，

缩小工艺过程，厂房占地面积小，耗电量也大为减少。它与扩散法相比，具有投资少和耗电量小的优点。可充分利用贫化铀，激光法浓缩铀几乎可把铀-235 全部回收。因此，可以充分利用气体扩散工厂留下的大量贫料（铀-235 丰度约为 0.2%～0.3%），这就充分利用了铀资源。这是一种新型的、有良好工业前景的被称为是 21 世纪的分离方法。20 世纪 70 年代初，美、法、苏、英等国也刚刚开始进行激光分离同位素的研究。

进行激光分离同位素的研究，首先要进行原子或分子光谱的精细结构研究，这使王承书想起了她的老师谢玉铭。1932—1934 年，谢玉铭应邀到美国加州理工学院任客座教授。他和 W. V. 休斯敦（Houston）合作开展氢原子光谱巴尔末系精细结构的研究。他们最初的目的是精确测定在光谱学和量子电动力学中均有重大意义的精细结构常数 α（α 在量子电动力学中又称耦合常数）。α 在光谱精细结构计算、光子和电子互作用的计算中至关重要，到 1930 年大部分实验结果认为它等于 1/137。α 恒等于 $e^2/\hbar c$，其中 e 为电子电量，$\hbar$ 为普朗克常数 h 除以 2π，c 为光速，它们分别为量子电动力学、量子理论以及相对论的重要常数。α 把这 3 个基本理论联系在一起，自然引起人们极大的兴趣[45]。作为学生，王承书对精细结构常数 α 和光谱学有了深入的了解。

许多物理学家，例如 W. K. 海森伯（Heisenberg）和 W. 鲍利（Pauli），希望探究 α 为何是 1/137，而不是其他值，例如 1/136。他们认为，如果揭开这个谜底，即可解决量子电动力学重整化问题。著名天文学家 A. 爱丁顿（Eddington）甚至把 α 常数视为揭开宇宙结构之谜的钥匙。这极大地激发了人们对精确测定 α 值的兴趣[45]。

谢玉铭与合作者在氢原子光谱精细结构研究中，发现了后来被称为兰姆移位的现象，这在光谱学和量子电动力学发展史上具有重要意义。重新理解老师讲过的知识，使王承书在激光分离同位素的理论研究中站到新的高度。

激光分离同位素可分为原子体系和分子体系，也称为原子法和分子法。最初的工作是验证两种基本方法，即使用 UF_6 的分子法和使用铀蒸气的原子法。对这两种方法进行研究的目的，是要充分了解每一种方法，并证实它们在科学上的可行性。

最初的研究重点是分子法，因为分子法使用 UF_6 作为工作介质，这在扩散法浓缩铀技术中已熟练掌握。在 1984 年以前，一直积极从事分子法的研究。在分子体系中，使用的是 UF_6 气体，而不是高温铀原子蒸气，用化学反应取出激发的同位素，而不是用光电离。王承书带领理论组的部分成员，开展了分子法的研究工作。

在伦敦会议的论文中，有几篇是介绍激光分离同位素的，由于是新的分离方法，王承书审校得特别仔细，对新的概念，她认真学习，与大家讨论。

早在 1969 年，德国法兰克福的巴特尔研究所就开展了一种不同的同位素分离方法的研究。它同德国铀浓缩公司（Uranit）合作进行这项工作。它用的是 UF_6 气体，而不是高温铀原子蒸气。用化学反应取出激发的同位素，而不是用光电离。用光激发，使分子达到某些振动态，则活化能将降低。在室温下，如果分子由 CO 激光器激发，则反应速率可增加上万倍。

在张敦航、王淑琴翻译，王承书校对的《激光分离同位素》一文中，英国作者评论了有关激光可能应用与分离铀同位素方面所发表过的文章，给出了激光器的发展现状及已知的铀及铀化合物的光谱数据。在经济性方面不能以发表的数据来评定不同分离方法之间的优劣。作者认为，激光效率没有得到明显改进之前，在利用铀原子的技术途径中的能量消耗不会小于离心分离工厂。

随着波长可调的窄线激光器的出现，增加了人们对选择性光化学的兴趣。已发展的技术使得光谱分辨率提高了几个数量级，这就使得激发天然混合物中的一种同位素变得比较简单。这种有选择性地激发特定的原子或分子的能级（实际上降低了反应的活化能）能够诱发特定的化学反应。换句话说，应用附加的激光辐射可以将已被激发的原子或分子激励到更高的能级或离解态。

激光器的高强度优于普通光源，这一点在红外区尤为明显，因而有可能在低于通常所需要的温度下诱发化学反应。在这种情况下，激

光器只引起"振动加热",而没有一般方法所引起的平动加热。

在分子法中,UF_6通过超音速喷嘴膨胀而冷却,降低了振动温度。利用红外和紫外激光光子选择性激发、离解UF_6分子。其结果,就可得到铀-235浓缩了的精细粉末UF_5,可以采用过滤的办法,将UF_5从UF_6气体中滤出。并实施了下列计划:

1)估计UF_6在超音速喷嘴中膨胀发生的瞬时冷却,对减少其由温度引起的分子速度展宽和显示其同位素光谱结构的影响。

2)采用低功率可调谐二极管激光器,测定选择性吸收所需要的精确频率。

3)研究UF_6在各种不同温度下的紫外吸收光谱和光化学性质。

在UF_6吸收光谱的特定红外区域,采用膨胀冷却,可以清楚地展示出同位素分离。为了研究UF_6的光化学性质,尤其是红外多光子激励现象,需要在非常精确的红外频率下工作的大功率激光器。已研制了许多新颖的激光系统,其中包括如下两种系统:

1)固定频率激光系统,其频率能分别与$^{235}UF_6$和$^{238}UF_6$的最强吸收线精确共振。

2)大功率脉冲激光系统,在整个适用的UF_6频带范围内可调,该系统通过CO_2激光器输出的激光束,在低温仲氢气体中产生拉曼散射而获得所需的激光束。

采用这些激光器,对用喷嘴冷却的UF_6红外多光子激发进行了详细的研究。另外的一些实验,对同时使用红外和紫外光的光离解进行了研究。在这些膨胀喷嘴实验中,UF_6的质量流量为几吨/年,它接近于可行方法的要求。

英国人对分子法进行了深入的研究。在实验室的条件下,同位素的红外鉴别是很好的,但在接近生产的条件下,同位素的红外鉴别变得太小。由于在生产条件下,总的浓缩系数太小,以致经济上可行的分子法单级浓缩过程不可能生产堆用燃料。

法国在萨克莱核研究中心已建立了一个UF_6循环的分离系统。该装置主要由UF_6循环系统和激光器系统构成。分子法采用的是双光子路线,而以16微米激光选择性激发$^{235}UF_6$分子,再用紫外光子使激发态分子离解。

产生红外光子采用了两种方案：一种是用 CO_2 激光器泵浦氢喇曼散射激光器，产生 16 微米光子。另一种是采用 YAG 激光器，经参量振荡器后产生 16 微米光束。法国在高重复速率、大功率 CO_2 激光器方面做了大量工作。上述系统已经运行，通过了 UF_6 的分离试验，分离系数为 2 左右。

20 世纪 70 年代初，中国科学院长春光学与精密机械研究所、大连化学物理研究所、北京电子学研究所、四川大学、二机部有关单位分别开展了分子法激光分离铀同位素的研究[10]。为开展六氟化铀为介质的激光分离铀同位素的研究工作，进行了六氟化硫和六氟化铀等有关振动光谱的研究。1976 年，为模拟六氟化铀激光分离试验，选定六氟化硫分子作为分离介质，实现了硫-32 和硫-34 的分离，并取得一些试验数据。同时，用 TEA 二氧化碳激光器和四氟化碳激光器，对六氟化铀作了一些基础试验，观察了一些效应，并取得一批有用的数据[10]。

分子法的主要缺点是单级分离系数不够高，因而要达到工业上需要的产品丰度和贫料丰度，还需采用级联；级联中还要插入固-气转换的化学过程；同时，所用激光器在技术、经济上都有较大困难。

在张敦航翻译、王承书校对的《激光同位素分离方法的一些技术情况》一文中，对当时世界上几个实验室正在开展的不同分离方法进行评论。虽然在实验室已证明了激光同位素分离的基本物理概念，但要在技术上实现它的路程还很长。作者认为原子法和分子法各有优点，可并行发展。

在李骖翻译、王承书校对的《铀浓缩》第六章中，对国外激光法的发展情况进行了系统总结。激光分离同位素是原子蒸气或分子蒸气只吸收波长正好合适的光。由于吸收了相应波长的光，原子（或分子）体系的能态发生变化，因此，用波长可调的激光照射蒸气，就可以使原子（或分子）经历人们所期待的变化。既然相同元素的不同同位素原子吸收略有不同波长的光，那么，适当选择激光的波长就能够单独地处理每一种同位素。这一概念同样可以适用于含有相同化学元素的

两种不同同位素的分子。因此，可调频激光能够起到一种钥匙作用，它只"打开"与它的波长完全相匹配的同位素，这样就可以利用相同元素的不同同位素在性质上很小的差异，使相应的原子（或分子）的能态发生很大的变化。然后，再利用这种变化进行分离。

在进行光谱分析时，有4个参数用来描述原子的壳层结构，这些参数决定了电子的量子态[87]。这4个参数分别是主量子数、角量子数、磁量子数和自旋量子数。自旋量子数是王承书的老师乌伦贝克等人1925年提出的。他们认为电子除了运动轨域的角动量以外，可能会拥有内在的角动量，称为自旋。可以用来解释先前在实验里用高分辨率光谱仪观测到的谱线分裂，这种现象称为精细结构分裂。重温这些知识，使王承书对光谱研究有了新的理解。

在金杰翻译、王承书校对的《红外激光分离铀同位素》一文中[12]，提到用一个频率稳定在铀-235的一条吸收线上的可调谐染料激光器去照射金属铀蒸气，由于激光频带很窄，只有铀-235被激发到高电子态时，再用波长合适的另一个光源去照射，使激发的铀-235原子发生光电离。这样就只能产生铀-235的离子，离子由电场取出。

在原子体系中，使用基态（最低能态）原子，激光把它们激发到第一激发能级，把所用的激光调到希望得到同位素的吸收线的波长，这是过程的选择阶段。通过不同波长的继续作用，使激发的原子跃迁到越来越高的能级，直到电离。这样，所希望得到的同位素原子就电离，而不希望得到的同位素原子则没有发生变化。在电磁场的作用下，离子就从中性原子中分离出来。

但这种方法存在着许多缺点：包括物理过程复杂，对工艺技术及材料设备要求高，选择性激发受到各种因素的影响，可调染料激光器的效率很低，^{235}U 的谱线有超精的结构，光电离截面很小，以及由于高温铀蒸气浸蚀所带来的技术问题。

长春应用化学研究所、上海光学与精密机械研究所、北京电子学研究所、二机部有关单位，开展了原子法激光分离铀同位素的研究。他们进行了理论性的分析、光谱测量等工作，1985年进行了分离铀同位素的演示试验，并测得了较高的分离系数[10]。

1993 年 8 月，王承书从医院出院后，于长江到北京看望老师。一见面，王承书幽默地说："差一点见不到你们了，但马克思不留我，又让我回来了。"落座后，王承书对于长江说："你上次送来的论文，我仔细地看了，你的论点很好，这种方法的核心就是要把资料丰度降下来。"得到老师的肯定，于长江欣慰地笑了。图 20-1 为王承书与部分理论组成员合影。

图 20-1　王承书与部分理论组成员合影
左起：黄更生　段存华　王承书　于长江　诸葛福

王承书作为专家组组长，在激光分离同位素研究的立项、理论研究、人才培养方面发挥了重要作用。

数十年来，王承书在中国铀同位素分离领域里，默默无闻、辛勤耕耘，为中国铀同位素分离事业作出了重要贡献。当她年逾 80 岁时，还在研究新问题，开创新途径。她这种不服输的执著精神，体现了老一代科技工作者的崇高品德。

第 21 章

掌握国外新趋势　开拓研究新领域

　　王承书很明白，她为祖国效劳不能在原地踏步。所以她在研究气体扩散的同时，注意国际上铀同位素分离的发展动向。1975 年，一则消息传入王承书的耳中：西欧三国的离心工厂宣布开工。这件事虽非意外，却使王承书很不平静。她敏锐的洞察力注意到西欧三国（英国、荷兰和德国）在浓缩铀的工业生产中应用离心分离法，便安排一些年轻同志注意这方面的动态，作为同位素分离研究的理论家，王承书感到这是自己的失职。在悄悄地追踪激光同位素分离先进技术的同时，她又开始了新的理论研究。到 20 世纪 70 年代后期，推动离心法进行工业应用的基础研究。

　　气体离心法分离铀同位素，它是利用分子质量上的差异而所受离心力的不同来生产浓缩铀的。离心分离的一个主要优点是分离系数依赖于两种同位素的分子量之差，而不是像其他方法那样依赖于其相对比值[13]。与气体扩散法相比，它有着许多优点，有着广泛的应用前景。美国和法国采用的是大型气体扩散工厂，其分离能力达 1 万吨分离功/年（tSWU/a）以上，比能耗均在 2 400 千瓦·时/千克分离功（kW·h/kgSWU）左右。气体扩散法的缺点是分离系数小，工厂规模大，耗电量惊人，成本很高。

　　离心机由于单机分离能力不大，一个工厂所需要的机器数以万计，机器转数高达每分钟数万转，因而造成工厂运行维修复杂，操作控制

138

要求严格。西欧三国离心厂正式开工，这足以说明他们已从研究阶段进入应用阶段。

在 1975 年的伦敦会议资料中，有 4 篇介绍国外离心分离工厂的。这些资料引起了王承书的深思。在 20 世纪 60 年代，英国、荷兰和德国分别采用气体离心法，在分离铀同位素领域开展了研究工作。每个国家已实施了相似的发展计划，先是单机运行，然后是实验室规模的小型试验级联运行。由于这些研究的初步成果，使这些国家都认为在工业生产上采用离心法具有潜在的可能性，并决定要建立中间工厂。1969 年初，通过技术交流和性能比较，这 3 个国家都认为确有可以互相借鉴的技术，协商并合作成立西欧三国铀浓缩公司（Urenco，简称尤伦科公司）。

1970 年 3 月 4 日，英国、德国和荷兰三国在荷兰的阿尔默洛（Almelo）签署了共同发展气体离心法的合作条约，并于 1971 年 7 月 19 日批准生效。在 1971 年 8 月设立了（英国、德国和荷兰）铀浓缩公司，公司总部设在英国的马洛（Marlow），该公司由英国核燃料有限公司（BNFL）、荷兰超速离心机公司（UCN）和德国铀同位素分离公司（Uranit）组成，股份各占三分之一。

阿尔默洛协议规定，三国用本国研制的离心机各自独立建造一座中间工厂，3 座中间工厂从 1969 年开始建造，到 1976 年分别建成投产，总生产能力约为 65 tSWU/a。

在过松如翻译、王承书校对的《离心浓缩工厂的运行经验》一文中，提出建立中间工厂的主要目的：1）表明大量的离心机能够按生产规模成批制造，并且具有相同的分离性能；2）表明在工厂建设条件下能大量安装离心机；3）表明大量的离心机在使用，启动和运行中损坏率很低，在允许范围之内；4）表明在接近生产条件下，中间工厂能保证分离性能；5）通过对工厂的设计、设备以及处理方法的检验，表明离心工厂的试验运行是完全可行的，并且具有高的利用率；6）为离心工厂的运行建立操作和管理规程；7）招收和培训运行队伍，作为将来生产工厂运行班组的骨干。

为了建成中间工厂，采用了不同的组织形式。其中一个中间工厂

采用了工业设计师的模型,试验厂方或运行人员从设计者那里接受经过试验的级联。

当空气漏入系统时,离心机很容易被毁坏。这对工程师们提出了严格的要求。在 3 个中间工厂内装有大约 50 km 长的工艺管道和大约 5 000 个工艺阀门和真空阀门以及更多的焊接接头。对于工厂的清洁度和真空密封性规定了一个宽范围的标准。

为了保证离心工厂在长时间内得到可靠的连续运行,必须有一个审慎的计划和广泛的启动方案。为了这个目的,对于所有中间工厂的启动阶段给予了密切的注意。那些对工厂运行负有责任的人在严密监视下制定了一个非常详细的启动进度表。

中间工厂的操作方法与离心设备的研制运行原则是不同的。在研制阶段,所有的寿命试验装置和实验级联是由研究人员进行操作的,这样做的目的是为了得到最佳的离心机性能和级联特性。但是,对于中间工厂,目的是为了配备将来的生产工厂而建立一定形式的结构的运行班组,如果给予适当的训练和监督,那么离心工厂由那些原来没有这种操作经验的工艺操作员是能够可靠地操作。中间工厂的运行已经证明西欧三国在离心分离技术方面获得了成功。

在 3 座中间工厂成功运行的基础上,为论证气体离心法的商业可行性,三国于 1974 年开始建造 2 座示范工厂,生产能力各为 200 tSWU/a,均于 1980 年建成投产。

为满足用户对浓缩铀的需求,三国于 1979—1982 年开始建造商业工厂。2002 年,西欧三国铀浓缩公司的离心工厂总生产能力达到 4 000 tSWU/a,其中,英国卡彭赫斯特工厂为 1 500 tSWU/a,荷兰阿尔默洛工厂为 1 500 tSWU/a,德国格罗瑙工厂为 1 000 tSWU/a。到 2009 年年底,西欧 3 国铀浓缩公司的离心工厂总生产能力达到 12 000 tSWU/a。2014 年,西欧三国铀浓缩公司正在为 17 个国家超过 50 家电力公司提供浓缩服务,其提供的浓缩铀约占世界浓缩铀市场份额的 29%[31]。到 2015 年,西欧三国铀浓缩公司的离心工厂总生产能力为 18 000 tSWU/a。

迄今为止,西欧三国的尤伦科公司共研制了 6 代工业型离心机,其中，第 1 代和第 2 代离心机由三国各自研制，它们的离心机各有特点。在吸收各自优点的基础上，从第 3 代离心机开始就由三国共同研制。

气体离心法分离铀同位素技术被称为第 2 代商用浓缩铀技术。它的综合性强，技术要求高。

与气体扩散法相比，离心机的单台分离系数高，约为 1.1～1.2，而气体扩散法的相应值仅为 1.002，因此，为了达到相同的浓缩程度，离心法级联的级数较扩散法的约小两个数量级。离心法的耗电量小，单位分离能力的耗电量仅为扩散法的五分之一至十分之一。但是离心分离要求离心机的转子高速旋转，受转筒材料和制造技术的限制，离心机的单机分离能力较小。同样生产规模的工厂，所需离心机的台数要比扩散厂扩散机的台数大得多。相对而言，离心工厂的运行，维护要求较高。

离心法的优点是单级浓缩系数大，是气体扩散法的 100 倍以上，浓缩到同样程度所需要的级数大大减少。另一优点是比能耗小，只有气体扩散法的十分之一左右。离心法的缺点是单机分离功率低，要形成一定的生产能力，需要的离心机数量很大，工业规模的离心工厂需要几万台甚至几十万台离心机。维持大量离心机长期正常运转的技术难度大。此外，由于材料限制，高速转子难以获得，技术要求高。

离心法是气体扩散法最强的竞争者。西欧、美国和日本等国正在实施离心机发展计划。20 世纪 80 年代美国大型离心机已经达到建造商业工厂的阶段，单机分离能力达 200～300 kgSWU/a；西欧和日本也已达到建造示范工厂的水平，单机分离能力在 3～100 kgSWU/a 之间。

在陈月琴翻译、王承书校对的《Urenco-centec 的进展情况及其计划》文章中[12]，介绍了尤伦科公司成立 3 年多所取得的成绩。在签署 3 国协定时，已看到了每一个国家各自独立研究的特点，在着手设计中间工厂时，各建一个中间工厂，比较各自的优势。

荷兰和德国的工厂位于阿尔默洛的同一基地内。荷兰的中间工厂（SP-1）1972 年投入运行。该厂的第 1 期工程使用的是早期的

（CNOR）机型。第 2 期工程安装的是设计水平更先进的（SNOR）机型。

德国的中间工厂（SP-2）的第 1 期工程到 1973 年年底已全部投入运行。第 2 期在 1975 年秋季完工，安装的是 G-2 型离心机。

英国的中间工厂位于卡彭赫斯特，到 1975 年已全部建成。

几个中间工厂使用的机器各不相同，但指导思想是要设计出制造费用低、多年不用维修能可靠运行的机器。在中间工厂之前进行了大规模的样机寿命试验和由 100～200 台机器组成的级联试验。这说明，西欧三国在离心技术方面的工作很仔细，很扎实。

在云松翻译、王承书校对的《气体离心机浓缩铀级联的最佳化》文章中[12]，作者研究并发展了一种使气体离心机阶梯级联和有过渡级的阶梯级联最佳化的计算程序。采用"复合法"（一种直接搜索法）来求含有几个变量的非线性函数在某约束范围内最佳。通过与理想级联比较，讨论了阶梯级联和有过渡级的阶梯级联的分离特征，也讨论了级联轮廓的局部最佳，目标函数的收敛性，以及最佳化试算的停算判据。实际分离过程中，由于要不断地向离心机供料和从离心机中取料，输运过程不断发生，故实际分离过程的径向分离系数小于径向平衡分离系数。

在参木翻译、王承书校对的文章中[12]，介绍了法国从事离心法分离同位素的研究工作。从 1960 年到 1975 年，法国研制了 4 代离心机。第 1 代转子是轻质合金的，第 2 代是特种钢的，第 3 代是特种钢的超临界转子，第 4 代是用强度较大的纤维材料制造的。

通过对这些资料的审校，王承书看到了该方法具有比能耗低的优点，对电力日趋紧张的我国尤其适合发展。她安排理论组的部分同志在工作之余关注世界离心技术的发展动向。一旦国家需要，能为马上投入这项工作作基础准备。到 70 年代后期，离心法的优势越发明显，王承书积极向部、院领导建议在我国开展工业规模的离心法研究。经有关方面批准后，1978 年，正式组建了一个离心研制小组，王承书对离心级联理论，单机流场和分离性能研究都给予具体指导[11]。1985年，王承书在主持项目审查的情况如图 21-1 所示。

在段存华翻译、王承书校对的《铀浓缩》第 4 章中，对气体离心机理论发展进行了阐述，回顾了有关分离系数和逆流的一些基本性质，并介绍了流体动力学分析方法，以求得转筒内气体的速度场分布，进而得到同位素丰度场[13]。

在进行流场分析时，需要用到纳维-斯托克斯方程（Navier-Stokes equations），这是以克劳德-路易·纳维（Claude-Louis Navier）和乔治·盖伯利尔·斯托克斯命名，是描述像液体和空气这样的流体

图 21-1　王承书（中）在主持项目审查（1985 年）

物质的一组方程。它是在玻耳兹曼方程的基础上，取分布函数的一级近似得到的方程[32]。这些方程建立了流体的粒子动量的改变率（加速度）和作用在液体内部的压力的变化和耗散黏滞力（类似于摩擦力）以及重力之间的关系。这些黏滞力产生于分子的相互作用，能告诉我们液体有多黏。这样，纳维-斯托克斯方程描述作用于液体任意给定区域的力的动态平衡。

它们是最有用的一组方程之一，因为它们大量描述了对学术和经济有用的物理过程。它们可以用于建模天气、洋流、管道中的水流、星系中恒星的运动，翼型周围的气流。它们也可以用于飞行器和车辆的设计、血液循环的研究、电站的设计、污染效应的分析等等。

纳维-斯托克斯方程依赖微分方程来描述流体的运动。这些方程和代数方程不同，不寻求建立所研究的变量（譬如速度和压力）关系，而是建立这些量的变化率或通量之间的关系。用数学术语来讲，这些变化率对应于变量的导数。这样，最简单情况的 0 黏滞度的理想流体的纳维-斯托克斯方程表明加速度（速度的导数，或者说变化率）是和内部压力的导数成正比的。

这表示对于给定物理问题的纳维-斯托克斯方程的解必须用微积分的帮助才能取得。实际上，只有最简单的情况才能用这种方法解答，而它们的确切答案是已知的。这些情况通常设计稳定态（流场不随时

间变化）的非湍流，其中流体的黏滞系数很大或者其速度很小（小的雷诺数）。

对于更复杂的情形，例如，厄尔尼诺这样的全球性气象系统或机翼的升力，纳维-斯托克斯方程的解必须借助计算机。这本身是一个科学领域，称为计算流体力学。

在求解纳维-斯托克斯方程之前，首先，必须对流体作基本假设。第一个是流体是连续的。这强调它不包含形成内部的空隙，例如，溶解气体的气泡，而且它不包含雾状粒子的聚合。另一个必要的假设是所有涉及的场，全部是可微的，例如压强、速度、密度、温度等等。

该方程从质量，动量和能量守恒的基本原理导出。对此，有时必须考虑一个有限的任意体积，称为控制体积，这些原理很容易应用。

对于离心机中心区域的稀薄流区，由于连续性假设不成立，纳维-斯托克斯方程不再适用。因此，在离心机的流场计算中，常常忽略中心的稀薄区域，仅仅以满足纳维-斯托克斯方程的连续流区为研究对象[90]。

我国从事离心技术起步于 1958 年。早期从事这项工作的有清华大学、北京大学、原上海灯泡厂等单位。他们克服了很多技术难关，为离心技术的科研迈出了开创性的一步，为后来较快的发展打下了基础。20 世纪 70 年代中期以来，二机部加强了这方面的工作，经过多年的努力，我国已初步形成了一支较完整的科研队伍，并取得了不少科研成果，科研及开发工作正在加速进行[10]。

材料研究室副主任王福刚回忆说："20 世纪 80 年代初，材料研制是新型分离设备的拦路虎。在材料研制的重要关头，王承书先生多次参加学术讨论会及研制工作协调会，深入到生产第一线，同技术人员和工人进行交谈，每次到现场，总要向工人同志们问好，没有一点架子，给我的印象很深。"

1990 年，王承书院士和吴征铠院士、钱皋韵院士参加国家重点科研攻关项目技术验收会。

年事已高的王承书不顾年老体弱，对离心级联理论，单机流场和分离性能研究都给予了具体指导，她反复和研究组的同志们说，离心技术的工业化应用，"寿命"是至关重要的问题。寿命的长短，直接影响该方法的经济性。她告诫大家，虽然理论工作很重要，但对于工程技术问题，还需要用试验数据说话。为了促进有关机器寿命的研究，王承书认真地学习和研究可靠性工程方面的理论。在她和大家的努力下，实验取得了重大的突破。

第 22 章

尝试用多种方法　掌握其前瞻技术

气体扩散法投资很高，耗电量很大。为了寻找更好的铀同位素分离方法，许多国家做了大量的研究工作，已取得了一定的成绩。目前，离心法已是工业生产的主力，喷嘴法等已进行过中间工厂试验，而化学分离法则有一定的吸引力。可以相信，今后一定会有更多更好的分离铀同位素的方法付诸实用，气体扩散法的垄断地位已经结束。

铀同位素分离有多种分离方法，除了气体扩散法、气体离心法、原子激光法（AVLIS）、分子激光法（MLIS）外，还有电磁分离法、喷嘴分离法、等离子体法、化学交换法（CHEMEX）、离子交换法、光化学法（CRISLA）、激光激发法（SILEX）、质量扩散法、热扩散法、射膜法等 10 多种其他方法。王承书作为理论研究的带头人，需要对每种方法进行认真分析，从经济上进行比较。只有对学科进行交叉融合，才是科技创新的源泉。

王承书团队主要关心的是美国对各种方法的研究情况。在 20 世纪 40 年代初，铀同位素分离成为一个非常紧迫的问题。1941 年 12 月 6 日，美国正式制定了代号为"曼哈顿"的绝密计划（Manhattan Project）。罗斯福总统赋予这一计划以"高于一切行动的特别优先权"。"曼哈顿"计划规模大得惊人。由于当时还不知道分离铀-235 的 3 种方法哪种最好，只得用 3 种方法同时进行浓缩研究工作。1942 年美国建造了电磁分离、气体扩散和热扩散 3 个铀同位素分离工厂，并联合生产了战争期间所用的铀-235。

为了先于纳粹德国制造出原子弹，该工程集中了当时西方国家（除纳粹德国外）最优秀的核科学家，动员了 10 万多人参加这一工程，历时 3 年，耗资 20 亿美元。1944 年 3 月，橡树岭铀浓缩工厂生产出第一批高丰度的浓缩铀-235。

1945 年 7 月 12 日，一颗实验性原子弹开始最后装配。

1945 年 7 月 15 日凌晨 5 点 30 分，世界上第一颗原子弹在新墨西哥州阿拉莫戈多的一片沙漠地带试验成功。8 月 6 日和 9 日，美国分别在日本的广岛和长崎投下了原子弹。随着苏联军队出兵我国东北，日本天皇于 15 日宣布无条件投降，第二次世界大战结束了。

曼哈顿计划不仅造出了原子弹，也留下了 14 亿美元的财产，包括一个具有 9 000 人的洛斯阿拉莫斯核武器实验室；一个具有 36 000 人、价值 9 亿美元的橡树岭铀材料生产工厂和附带的一个实验室；一个具有 17 000 人、价值 3 亿多美元的汉福特钚材料生产工厂，以及分布在伯克利和芝加哥等地的实验室。

20 世纪 40 年代初，当时，对电磁法同位素分离的研究要比其他分离方法更深入一些，所以在美国和苏联开始了建设铀同位素电磁分离器的准备工作。由此，对一系列物理和技术问题的研究起到了推动作用。

电磁法的优点是通用性好，可用于几乎全部多核素元素。分离能力强，可获得高丰度产品。平衡时间短，有利于分离短寿命放射性同位素。已分离过 50 多种元素的稳定性同位素和放射性同位素。

电磁法的缺点是设备复杂，耗电量大，成本高，产量低。许多技术先进的国家已不用这项技术，但在 20 世纪 90 年代对伊拉克进行的核查中，发现伊拉克还在开发这种技术。

在参木翻译、王承书校对的《除扩散法外的法国铀同位素分离方法的研究》一文中，介绍了法国铀同位素多种分离方法的研究进展情况[12]。法国等离子体法起始于 1969 年，至 1973 年间为初期研究，后来中断了几年。超导技术和微波技术的成果又给这种方法赋予了新的动力。因而法国从 1979 年又恢复了对这一技术的研究。1980 年进入超导磁场研究，它已建成一个完整的超导等离子体分离装署。

分离装置主要由 4 部分构成：超导磁体、等离子体源、光子（微波范围）与离子共振作用区及收集板。这一分离装置建在萨克莱核研究中心。

超导系统由液氦冷却的超导线圈构成，最高磁场为 3 特斯拉（3 万高斯）。

等离子体源是由焦耳效应或离子溅射技术产生的中性原子，再用高频回旋热电子电离而形成的等离子体。

在反应区，光子（微波段）经由感应天线馈入，使所需同位素离子产生共振螺旋运动。作用区磁场强度 2～3 特斯拉，微波频率 130～200 千赫兹，等离子体区长度约 2 米，直径 10 厘米。

收集板由轴向放置的平行板构成。

20 世纪 80 年代中期，利用这套装置已进行了铬同位素和钙同位素的分离试验，分离系数大于 2.2。

法国专家认为，等离子体法的主要缺点是流量小，难以提高；不适宜重同位素（$m > 200$）和轻同位素（$m < 40$）的分离。因此，它最适宜中间质量元素同位素（$40 < m < 200$）的生产，可代替现有的电磁分离方法。

在徐品芳翻译、王承书校对的《旋转等离子体的同位素分离》一文中[12]，给出了用旋转等离子体分离铀同位素的基本原理。在密度、转速、分离因子与分离功空间变化的理论计算中，考虑了等离子体所特有的各种效应。介绍了对铀等离子体和旋转稀有气体弧的基础实验，描述了旋转铀等离子体实验，提出了两种可能的等离子体离心机概念，计算了各自的分离因子、分离功，估算了两种离心机的比能耗。

在第二次世界大战期间，曾有人试图用洛伦兹力旋转来分离铀同位素，但由于当时扩散法的巨大成功而使这一设想没能继续下去。到了 20 世纪 60 年代，理论探索已取得一些进展，并用旋转等离子体得到了各种浓缩的同位素。

等离子体离心机是利用与质量相关的离心力来分离同位素。等离子体（即电离的气体）的旋转由洛伦兹力产生。当电流垂直流过磁场时都会出现这种力。在不同径向尺寸的电极间引发一长电弧，则电流就有轴向与径向分量。径向分量与均轴向磁场相互作用，使等离子体快速旋转。但容器并不旋转，这就意味着没有任何机械转动部件。等离子体实验证明，等离子体的转速比机械离心机所能达到的转速要高几个数量级。

基于等离子体旋转和离子回旋共振两种原理来分离同位素的方法：1）使高温下产生的铀等离子体在电磁场中作高速旋转，在离心力场作用下，质量较大的铀同位素等离子体在径向方向上逐渐加浓。这种旋转等离子体装置好像是一种外壁不动的高速离心机，其分离系数比气体离心机高得多。2）选择电场的频率在所需要的同位素离子共振频率范围内，这样，所需要的同位素离子将在较大的回旋半径上循环，这就提供了所需要的同位素与其他同位素分离的可能性。等离子体法分离系数很高，比能耗很小，尚处在实验室阶段。

旋转等离子体技术是美国在 20 世纪 70 年代重点开发的一项高新技术。1982 年，在与原子激光法和分子激光法的竞争中落选。

20 世纪 70 年代初，国外对喷嘴分离法的研究热情很高。在李儒顺翻译、王承书校对的《喷嘴分离法的物理学性质和发展趋势》一文中[12]，介绍了西德卡尔斯鲁厄（Karlsruhe）核子研究中心发展的喷嘴分离法。它利用气体 UF_6 在快速弯曲流动中离心力与质量的依赖关系来实现铀同位素分离。与其他的铀同位素分离法比较，喷嘴法的优点是原理简单、工艺可靠、发展潜力很高。

UF_6 气体与轻的辅助气体（如 He 或 H_2）混合，沿固定的曲壁膨胀。在偏转流动的末端被分流片分成轻馏分和重馏分。克分子数大大超过 UF_6 的轻的辅助气体使 UF_6 的流速加大，从而增加了对分离起决定作用的离心力。此外，轻的辅助气体对 UF_6 同位素在离心场作用下的沉积产生不同的滞后，它在同位素分离上也是一个有利的效应。

在严明翻译、王承书校对的《喷嘴分离法的工业实现》一文中[12]，介绍了德国埃森煤炭公司与核子研究中心合作建立了一个改进的原型机，并用 UF_6/H_2 气体混合物成功地进行了运行实验。与此同时，还完成了对一个大直径真空密封滑阀的试验。

在德国，空气动力学法被称为喷嘴分离法；在南非，被命名为 Helikon 法。以 Helikon 名字命名的这种装置，能使不同成分的气体成平行的层状气流，而不是明显混合。这两种分离力方法，尽管它们的结构大不相同，但理论相似，能被看做是固定壁的同流离心机。它们共同特征包括，轻的载气的使用（UF_6 在氢或氦气中占 1‰～5‰），以增加声速，单机分离系数，南非所测的分离系数为 $\alpha = 1.030$，德国测得的分离系数为 $\alpha = 1.015$。低分流比（供料和产品的比率）南非测得的参数为 0.05，德国测得的参数是 0.25，多级（适于小的分流比）结构形成每千克分离功的高能耗和高投资成本。德国研究人员对气压进行了微调，从而减少了装置的尺寸。南非的科学家们采用 Helikon 装置，处理 20 层气流，以便在单机分离装置中能够有 20 层的分离效果。

利用气体动力学原理分离同位素的方法。当气体同位素混合物高速通过装有喷嘴的弯曲轨道时，其轻组分在半径小的圆周上被浓缩，而重组分在半径大的圆周上被浓缩（见图 22-1）。其分离效应主要是离心作用造成的，这种离心作用是由气流被适当形状的静壁偏转所引起的。工作气体是用氢气高度稀释的六氟化铀。

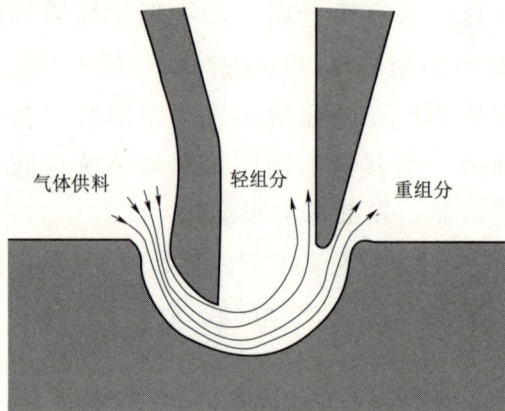

气体供料　　　轻组分　　　重组分

图 22-1　喷嘴法原理图

对于单个分离器，假定旋转流分离系数被表示为分流比的函数，它与气流马赫数有关。马赫数是气体速度测量的单位。对于一个既定的机械系统，流速是可以随运行过程中气体混合物成分的变化而发生变化。也就是说，随着载气中 UF_6 浓度的变化而变化。较大的马赫数产生较高分离系数，但要得到较高的分离系数需要稀释载气中的 UF_6，UF_6 的生产量维持在一个恒定的值，分析结果显示载气中 UF_6 最佳的浓度为 2%。

喷嘴法的单级分离系数介于气体扩散法和离心法之间，比能耗和比投资与气体扩散法相当或略大。1956 年，德国用喷嘴法分离了六氟化铀，80 年代与巴西联合投资准备筹建示范工厂。南非研制的涡流管法也是一种气体动力学方法。由于气体动力学法的比能耗和比投资都很高，已经成功应用扩散法的国家一般都不再研制气体动力学方法。

在京宁、江建平翻译，王承书校对的《离子交换法浓缩铀的新实验和评论》一文中[12]，澳大利亚原子能委员会（卢卡斯高地）研究机构的哈迪（Hardy），介绍了离子交换法浓缩铀的新实验。他认为用离子交换法，仅能成功地分离一些氢元素。用这种方法分离铀同位素的单级分离系数为 1.001 3。但从经济方面考虑，这种方法没有吸引力。

化学法分离铀同位素，通常是指化学交换法分离铀同位素。王承书翻译的文章为化学交换法分离铀同位素的研究提供了最有效的实验方法[88]。

吕夺英、李书芳等人参照王承书先生翻译的文章，进行了铀同位素分离研究。在研究过程中，王先生对试验的热力学、动力学所涉及的问题一一做了指导。对试验中的具体技术问题，提出了许多关键性意见，如试验体系的选择、树脂柱的填充、试验条件、参数的确定等内容，王先生的意见使试验避免了许多弯路。研究进展较快，不到一年的时间里，国内首次看到了可靠的分离效果。瑞世庄等人在进行的化学法研究过程中，经常向王承书请教有关理论问题。化学法生产低浓铀，能耗低，不需要氟化和脱氟工艺，级联有一定灵活性，可根据需要，随时调节产品，并能充分利用原料。但它只适合于小规模生产。该法以溶液萃取法和离子交换法为代表。

1958 年，武汉大学和北京大学等单位都曾进行过有关化学法分离铀同位素的研究工作。1970 年后，二机部有关单位陆续进行了离子交换膜电渗析法和离子交换树脂法分离铀同位素的探索[10]。到 80

年代中期，四价、六价的离子交换法在小试验柱中得到排代速度为40厘米/小时的较好水平。此外，初步工作表明，在不变价态交换体系中，大环聚醚体系（如冠醚）能给出较高的单级浓缩系数。

利用不同化合物分子或离子间的同位素交换反应来分离同位素的方法。过去一般用来分离轻同位素，后来由于找到合适的载体，提高了分离系数，减少了理论塔板高度，用该法来分离铀同位素已获得成功。最高的分离系数达1.0015，这是通过在树脂床上的四价铀和在水溶液中的六价铀的离子交换获得的。

化学交换法的比能耗比扩散法小得多，但比投资却相当高。该法没有放射性污染，便于生产低浓缩铀。在化学交换工厂中，工作物质的滞留量（充料量）相当大，而且单级分离系数较小，这就使得工厂的平衡时间很长，是扩散工厂的10～100倍。因此，没有竞争力。

20世纪80年代初，澳大利亚在卢卡斯高地进行了分子激光法研究。后来，研究人员放弃传统意义上的分子激光法，研制成功了激光激发法（Separation of Isotopes by Laser Excitation，SILEX）技术。它是一种用激光激发，进而分离同位素的技术[33]。

激光激发法是一种分子法过程。用这种技术时，激光器产生强单色光，仅被一种同位素吸收，而另一种同位素基本不受影响。这种光的吸收导致了物理或化学变化的发生，很容易将未发生变化的同位素分离开来。这是一种很有发展前途的技术。

第 23 章

建学术交流平台　鼓励大家快成才

　　1981 年 1 月，中国核学会铀同位素分离分会在河南郑州成立。王承书作为会议主持人，主持了开幕式。

　　在开幕式上，王承书请二机部的老部长、时任河南省省长的刘杰同志讲话，刘部长对大家到河南来开会表示欢迎。他首先介绍了全国特别是河南农村实行大包干后所带来的可喜变化，并说这些变化是在研究院、研究所里感受不到的。接着，刘部长动情地回顾了在"615 乙"参加会战的情景，他说："按照合同，苏联应向我们提供 UF_6 原料，但苏方拒绝供货，周总理亲自出面交涉都不行。为了攻克这道难关，部党组决定把这项任务交给了六一五研究室，大家"土法"上马，很快就研制出了样品。为了给第一颗原子弹提供 UF_6 供料，大家不怕苦，不怕累，昼夜加班加点，年轻的大学生一分配来就参加倒班。大家齐心协力，终于完成了第一颗原子弹所需的供料任务。这样，就攻克了 8 个主要环节中的前 5 个环节，让我当时松了一大口气。"

　　刘杰部长看了一眼王承书，高兴地说："对于第 6 个环节，在你们的努力下，兰州铀浓缩工厂没有变成一堆废铜烂铁，而是提前生产出了原子弹所需的高浓铀装料。为我国第一颗原子弹的研制成功作出了巨大贡献。"

　　刘杰部长最后说："希望你们再接再厉，为核工业的第二次创业贡献力量。"

刘杰部长讲完话，王承书在答谢辞中说："老领导给我们提出了新的希望，让我们这些年轻人多做工作，来报答领导的关心。"

当王承书说到："我们这些年轻人"时，台下发出了会意的笑声。是的，王承书在工作中总把自己当年轻人使用。

这是本书作者第一次见到王承书先生，她不是想象中的那么死板，而是十分幽默和风趣。

在铀同位素分离分会成立大会上，王承书被选为第一届理事会理事长。根据广大科技人员的意愿，王承书的一项重要工作就是推动建立学术交流平台，创办《铀同位素分离》刊物。由于这是一个十分敏感的领域，保密性很强。虽然大家有交流、沟通的愿望，但真的要出刊物了，组织稿件就遇到层层阻力。稿件收来了，内容审查，水平审查也牵涉很大精力。由于没有经费，王承书同分会秘书长段存华及秘书梁鸿英到处"化缘"。又因为发行量太少，出版社没有积极性。在克服一系列困难后，《铀同位素分离》期刊终于出版了。

王承书在《铀同位素分离》期刊的发刊词中写道[61]：

"《铀同位素分离》期刊终于问世了。这是我国铀同位素分离领域中广大科技工作者共同努力，以及有关单位大力支持的硕果。

我国铀同位素分离科学技术是20世纪50年代中期开始创业的。在毛主席的亲切关怀和周总理的直接领导下，在有关方面的热情支持下，从无到有，从小到大逐步建立起来的。现在我们已经有了较完整的铀同位素分离工业体系和科研设计体系，也有了一支具有一定水平的科技队伍，其中许多人是50年代后期参加创业工作的，今天他们已经是我们的骨干力量。浓缩铀工厂已安全运行将近二十年，积累了丰富的经验。工厂的实际生产能力不断提高，单位分离功成本逐年下降。铀同位素分离科学技术研究工作正在向广度和深度发展，并已经取得可喜的成绩，有些科研成果已经得到实际应用。总的来说，铀同位素分离这一领域已经在我国生根、开花、结果。但是，我们的学术水平与先进国家相比还有不小的差距。特别是十年动乱所造成的创伤，无论在学术水平方面，在科学作风方面，以至于在队伍组成方面，至今还未完全愈合。粉碎'四人帮'以来，特别是在党的十一届三中全会和最近的十一届六中全会以来，在党的政策鼓舞下，我们正意气风发，为迅速提高我们的学术水平，为对国家多做贡献而奋发图强，努力工作。

提高学术水平和加速人才培养，很重要的一项措施是学术交流。多年以来，由于铀同位素分离是一个敏感领域，保密性强，实质性成果公开得很少，我们的科研成果的大部分又不便在一般性的刊物上发表，同志们苦于没有发表自己的科研成果、交流工作经验的园地，迫切要求创办自己的刊物。本刊就是在这种形势下筹办的。为了不辜负广大科技人员的殷切希望，我们必须群策群力，促进本刊的健康成长。希望在这一领域中工作的同志，既做严谨的作者，积极提供稿件；又做苛刻的读者，多提宝贵意见，使本刊能够越办越好。我们全体编委也意识到，正是广大群众对我们的信任，才赋予我们第一任编委的重任。我们一定认真贯彻执行党的百花齐放，百家争鸣的方针。我们要坚持尊重科学，实事求是，以严谨、严密、严格的科学作风，认真负责地对待来稿。然而，由于水平所限，缺点错误在所难免，请广大读者督促帮助，不断向我们提出批评和建议。谢谢读者。"

《铀同位素分离》编辑梁鸿英讲过这样一件事，在收到浓缩工厂一位一线科技人员的论文时，梁鸿英发现有几处明显的错误，就顺便在稿子上进行了修改，当刊物主编王承书知道这事时，当场对梁鸿英进行了批评，指出："我们办刊物是为了提高科技人员的水平，你在论文中进行修改，作者本人不知道，还以为他自己是对的，达不到改正错误，提高水平的目的。"同时告诉梁鸿英："把错误另附一张纸，列出错误的地方和原因，同作者商量，让他自己真正认识问题出在什么地方，让他自己修改的过程也是提高认识的过程。"王承书先生温文尔雅地讲述着合理的修正方法，使梁鸿英体会到一位知名科学家对于平凡人、平凡事的敬重和修养。

在《铀同位素分离》编辑部，收到过两篇分别研究价值函数与分离功率的论文，它们是清华大学工程物理系的老师和研究机构理论组的部分人员在各自研究工作的基础上独立完成的。王承书看到论文后，从心里感到高兴，因为这是同位素理论研究的基础。但根据期刊的性质，不

可能刊登两篇内容相似的文章。为此，她与两组成员进行讨论、研究、修改后变为一篇论文。在署名时，她将清华大学老师的名字放在了前面，将自己学生的名字放在了后面。虽然她为此花费了很多心血，但她坚持不署自己的名字。她的言行，为化解矛盾起到了表率作用。

数十年来，王承书同广大工人、工程技术人员和科研工作者一起，在极其困难的条件下工作，她把自己外出办事的出差补助费、各种奖励和稿费全部捐献给单位购买书籍和文具用品，捐献给中国核学会铀同位素分离分会开展学术交流活动。在三年自然灾害的困难时期，为了弥补办公费用的不足，她自己花钱买了大量纸张供理论工作人员使用。

王承书在担任同位素分离分会理事长和名誉理事长期间，经常给分会捐钱。在分会秘书的财务收据本中，大部分是她的捐款存根。

王承书在担任同位素分离分会理事长期间，和分会秘书长段存华、秘书梁鸿英经常深入第一线，了解基层情况、开展学术交流、指导实际工作。图 23-1 是她们在四川时的合影。

图 23-1　王承书（中）同段存华（左）和梁鸿英（右）合影

王承书先生十分关注国外铀浓缩技术的发展情况，对分会的另一刊物《国外铀浓缩技术动态》赞赏有加，每期都仔细研究。在不同的场合，大力宣传该刊。使该刊从 1985 年创刊以来，一直坚持办到现在。

第 24 章

统计物理有造诣　动理理论传后代

统计物理学是理论物理的重要分支，它的基本内容是针对由大量分子（包括原子、电子、辐射场等）所组成的体系，建立物质微观运动规律与物质宏观热力学特性之间的联系。从 1738 年伯努利（Bernoul）首先提出分子动理理论，经过克劳修斯、麦克斯韦、玻耳兹曼和吉布斯等 4 位 19 世纪伟大物理学家的奠基性工作，直到 20 世纪初，描述物质平衡态和非平衡态的统计物理学才基本建立起来。20 世纪初，以吉布斯引入的系综描述被物理学界广泛接受为标志，统计物理学逐渐分成用系综法描述系统平衡态性质的平衡态统计物理，以及用分布函数描述系统随时间演化的非平衡态统计物理学两大方向。在被称为物理学世纪的 20 世纪，这两个方向都得到长足的发展和应用。

在平衡态统计物理方面，重要的进展表现在量子统计的建立、合作现象研究的深入开展、相变和临界现象普适规律的发现等。对这方面进展作出贡献的中国物理学家，早期有张宗燧、王竹溪，20 世纪 50 年代有杨振宁、李政道、张承修等人。

非平衡态统计物理方面，主要围绕物理动理学方程、布朗运动理论、非平衡统计模型等问题，取得了巨大进展。最早参与这方面研究，在国际物理学界取得声誉的中国人，是王明贞和王承书这两位女物理学家[32]。

王承书在 80 岁时曾对前半生的重大事情进行过回顾。她说当时主持她和张文裕婚礼的吴有训博士在 20 世纪 30 年代曾对学生有过一段著名的讲话，吴有训说道："同学们，翻开近代物理史就可以知道，人类的知识，是随着科学上层出不穷的新发展前进的。人类对自然界的探索是无止境的，就拿近代物理来说吧，还有许许多多的效应、规律、原理，没有被发现，被认识。我希望同学们树立远大的志向，去发现一个又一个效应和规律，在世界科学史上，让更多的效应和规律，用我们中国人的名字命名！[18]"。

吴有训是"康普顿-吴有训效应"的发现者，是国际上著名的物理学家。他的话，点燃了王承书为科学献身，为中国人争光的激情。王承书把激情化为实际行动。

王承书在科学方面的学术成就主要分国外、国内两个部分。在国内，主要是奠定了中国铀同位素分离的理论基础。在国外期间，主要是对气体动理论进行研究。

气体动理论的发展经历了漫长的历史。1858 年，克劳修斯提出平均自由程概念后，麦克斯韦于次年提出分布函数概念并利用平均自由程概念提出输运方程，求得麦克斯韦气体的输运系数（热导系数、黏滞系数、扩散系数等）。1872 年玻耳兹曼提出气体非平衡态速度分布函数满足的非线性微分积分方程——玻耳兹曼方程，证明了有名的 H 定理，并求出了气体平衡态的速度分布函数为麦克斯韦-玻耳兹曼分布。玻耳兹曼方程的提出是非平衡态统计物理理论的重要里程碑。如果能够对其求解，则可求出气体的各种输运系数。然而，由于此方程的非线性，使得求解极为困难。在此之后的近 40 年中，除了麦克斯韦气体方程之外，没有人能解出玻耳兹曼方程。

1912 年，德国数学家希尔伯特（Hilbert）发表文章指出，玻耳兹曼方程等价于第二类积分方程，对于此类方程已有一系列严格的数学理论。在希尔伯特工作的基础上，两位青年物理学家，瑞典 Uppsala 大学的研究生恩斯科格（Enskog）和英国格林韦治天文台的查普曼（Chapman）从 1912 年至 1916 年独立开展了玻耳兹曼方程求解的艰苦探索，终于建立了一套逐级求解的办法，被称为查普曼-恩斯科格

（Chapman-Enskog）展开法。这个方法以克努森（Knudsen）数的幂级数作为小参数展开，取零级近似的分布函数解，可得到理想流体的欧拉方程。取分布函数的一级近似，可得到描述黏性流体运动规律的纳维-斯托克斯（Navier-Stokes）方程和其他宏观输运方程，并求出各种输运系数。

1935 年，伯纳特（Burnett）得出对应于分布函数二级近似的宏观方程，伯纳特方程。查普曼-恩斯科格方法的建立是 20 世纪非平衡态统计物理发展时期最重要的成就之一，从此开始了气体动理论用于物质输运现象的蓬勃研究。1939 年，查普曼和考林（Cowling）出版了有关此一理论方法研究成果的权威著作。但是，由于玻耳兹曼方程只考虑两体碰撞，并作了分子混沌性假定，只适用于稀薄中性单原子气体，不能用于具有长程库仑力作用的电离气体和具有内部自由度的多原子分子气体输运性质的研究，迫切需要对其进行修正。对应于具有长程库仑力作用的等离子体的修正玻耳兹曼方程，首先由朗道于 1936 年得到。而对应于多原子气体的修正玻耳兹曼方程，则是在第二次世界大战后，由王承书和乌伦贝克导出的[32]。

王承书于 1941 年赴美留学。1945 年在乌伦贝克指导下获博士学位后，一直与乌伦贝克合作，从事气体动理论与稀薄气体输运性质的研究。从 1945 年到 1956 年回国之前，她在非平衡态统计物理领域作出了大量开创性工作，她的贡献主要有如下 6 个方面[11,32]。

第 1 个方面，是与乌伦贝克一起，用对分子转动和振动能级作量子力学考虑而分子平动仍保持经典考虑的半经典方法，通过修改玻耳兹曼方程碰撞项，导出适用于具有内部自由度的多原子气体的修正玻耳兹曼方程。用查普曼-恩斯科格方法解修正方程，研究了多原子分子气体的输运性质，得出单原子分子气体所没有的新黏滞系数——体积黏滞系数，而且发现，多原子分子气体导热系数与单原子气体有显著差别。

第 2 个方面，对线性化玻耳兹曼碰撞算子的本征函数和本征值进行了透彻研究，严格证明了麦克斯韦气体情况下线性化玻耳兹曼碰撞算子的本征函数就是索南（Sonine）多项式。尽管麦克斯韦气体本身

的物理意义不大，王承书得到的这一严格数学结论对于理解麦克斯韦气体在气体动理学发展史上表现的特殊性，对于理解伯纳特为何在求解线性玻耳兹曼方程时引入索南多项式作展开给出了有益的提示，并求出它的本征值的谱[11]。

第 3 个方面，在求解气体中声波色散和吸收问题时，把计算推进到三级近似，甚至部分四级近似。发现麦克斯韦气体的"高矩声波"。扩展了玻耳兹曼方程的应用范围。

第 4 个方面，1948 年在稀薄气体输运性质研究中，发现了查普曼和考林专著中热流矢量两个系数表达式的错误，指出该错误导致钱学森与尚贝格（Schanberg）1946 年在计算空气中声波色散时比实际值小了 6～7 倍，从而使他们得出色散效应观察不到的错误结论。修正后的结果表明，此一效应属实验可观察范围。

第 5 个方面，对激波层厚度等高速空气动力学问题进行了开创性探索，引起大量后续研究。

第 6 个方面，1951 年，王承书和导师一起考虑到多原子气体分子除了有平动能外，还具有转动能、振动能等内能。在碰撞中，它们可与平动能相互转换[11]。

王承书的以上贡献，得到国际同行的高度评价和持续不断的引用，引发了大量后续研究，至今不绝。原始的玻耳兹曼方程只适用于单原子气体，单原子分子模型是球对称的，处理平动能外没有其他的内能。但自然界中存在的气体大多是多原子气体，分子除了有平动能外还有其他的能量形式，在碰撞过程中各种形式的能量之间会出现互相转换。王承书和乌伦贝克吸取了量子力学中的方法，1951 年提出的多原子分子动理学方程，被称为王承书-乌伦贝克方程（Wang-Chang-Uhlenbeck（WCU）equation）。这是具有内能的气体分子的半经典玻耳兹曼方程，并给出输运系数的形式解。广泛应用于高温气体、化学流体和原子分子物理研究中。

通过王承书的研究工作，无论从理论或实际应用上，都使玻耳兹曼方程的求解在数学上达到了更完整、更可靠的程度。她的研究结果特别是前两项贡献已成为国内、外出版的有关输运理论专著和教材的

经典篇章而长传后世。图 24-1 为王承书的
著作（气体运动论现在改为气体动理论）。

王承书获得成功的客观条件是遇到了良师
乌伦贝克，乌伦贝克就像他自己的老师——玻
耳兹曼的学生埃伦费斯特（Ehrenfest）当
年对待当学生时的他一样，将王承书领入
玻耳兹曼学派的大道，热情鼓励、潜心教
诲、大力扶持，终使其成为卓有建树的理
论物理学家。

当年，埃伦费斯特鼓励年轻的乌伦贝

图 24-1　王承书著作

克和古施密特（Goudsmi）发表电子自旋论文，被科学界称为美谈。
他不仅替他们投稿，而且在他们怀疑自己做错了要收回稿件时劝阻并
鼓励他们，说出了"上帝是允许青年人犯错误的"名言，遂有电子自
旋的发现。

王承书所作的有关气体动理论和稀薄气体的论文，离开美国回国
之前均为密歇根大学的研究报告。王承书的学术成就对当时的高空物
理和气体动理学研究是极有价值的。但由于某些原因，论文《On the
transport phenomena in rarefied gases》（1948）（单原子气体中声音的
传播）；《On the dispersion of sound in helium》（1948）；《On the
theory of the thickness of weak shock waves》（1948）；《On the propa-
gation of sound in monatomic》（1952）；《The kinetic theory of a gas in
atternation outside force fields：a generalization of the Rayleigh Prob-
lem》（1956），未能及时公开发表。

王承书的多数工作都是在她离开美国后，乌伦贝克在自己担任主
编的《Studies in Statistical Physics》丛书中发表的。否则，王承书的
文章只以研究报告存在，难以被学术界广为知晓。为了让人们知道王
承书在这些工作中所起的作用，乌伦贝克在文献［35］的前言和 1980
年发表在《Annual Review of Fluid Mechanics》1～9 页的文章中，对
王承书的独立贡献进行了多方面的肯定，读起来令人感动[32]。

王承书在国外的研究成果，被国内许多学者在论文或著作中多次

引用。1963 年，当时的清华大学老师刘广均在《清华大学学报》上发表论文[79]，对玻耳兹曼方程式的解法进行讨论，在论文的写作过程中，曾得到王承书先生的指导和帮助。在随后的工作接触中，曾多次与王承书先生讨论有关求解气体动理论（以前叫分子运动论）方面的问题。1980 年，刘广均再次在《清华大学学报》上发表论文[80]，对玻耳兹曼方程式进行深入分析，论文中引用了王承书在国外的研究成果。

1987 年，科学出版社出版黄祖洽、丁鄂江的《输运理论》专著，书中引用了王承书的研究成果[81]。1990 年，清华大学出版社出版应纯同教授的《气体输运理论及应用》专著，书中引用了王承书的研究成果[82]。

中国科学院刘广均院士说："王承书先生在气体动理论方面的研究有许多是开创性的工作，有很高的水平，在实际工作中，能解决许多难于解决的问题，对我的影响很大。我的一些有关气体动理学方面的学术观点，是在向她请教和讨论过程中形成的。在我的相关论文中，多次引用了她的观点，是我的良师。"

一个科学工作者一辈子发表文章的数量很重要，但更加重要的是能为后人留下一些有价值的东西。王承书先生这种求真的精神，正是科学研究的真谛，值得这个时代的科研工作者好好学习和继承。

第 25 章
我的选择没有错　我的事业在祖国

> 她选择了物理，物理却把她和祖国连在了一起。
>
> 为了事业，她离开了祖国，为了祖国，她奉献了自己。

1986 年 10 月 6 日，王承书举行了一次小小的家宴。这并非生日的庆典，是为了纪念她一家回国 30 周年。

家宴上，王承书端起盛满果汁的酒杯，感慨万千："现在有人弃祖国而去，而我却要纪念我回国的日子。有人说中国穷，搞科学没条件，其实我们回来时何尝不知道，那时的条件更差。但我们是中国人，祖国还处在百废待兴的时候，我不能等别人来创造条件，我要亲自参加创造条件、铺平道路的行列。当初，我回国的唯一原因，不是我不爱美国的优厚生活，而是我更爱自己的祖国。30 年了，至今我可聊以自慰的是，我的选择没有错，我的事业在祖国[17]。"

王承书在国内的学术成就是奠定了中国铀同位素分离的理论基础[20]。

1964 年 10 月 16 日，罗布泊上空升起了蘑菇云，超级大国的核垄断终于被中国打破。原子弹试制成功，王承书不禁想起离开美国前一位美国教授的话："你们知道美国当局为什么一再阻拦你们回国吗？因为你们一回去，就是潜在的原子弹制造者。"此话真的成为现实，王承

书欣喜万分。

邓小平在谈到高科技时说："如果60年代以来中国没有原子弹、氢弹，没有发射卫星，中国就不能叫有重要影响的大国，就没有现在这样的国际地位。这些东西反映一个民族的能力，也是一个民族、一个国家兴旺发达的标志[73]。"这是第二代国家领导人对我国核工业第一次创业的最高评价，是对数十万核工业人艰苦奋斗、努力拼搏的最高褒奖。作为核工业的一员，王承书感到十分自豪。

王承书身上有着非常深厚的中国文化传统，同时她又兼容了西方文化传统中的优秀部分，将二者融会贯通，从而形成了她治学严谨、为人朴实的独特风格，令人钦佩、堪称楷模。

王承书开始进行铀同位素分离理论研究时，已年届半百。她不但自己全身心投入，解决工厂运行中遇到的一个又一个的理论难题，而且特别重视培养年轻一代，说"让年轻人从我肩上跨过去"，甘为人梯，使年轻科技人员深受感动。她培养了一批又一批优秀科技人才，在铀同位素分离技术攻关和创新发展中发挥了重要作用，其中有些科技人员后来在研究所、工厂和部属机关都成为科技领导骨干，有的还成为科学院或工程院院士。

王承书的学生，原轻工业部副部长段存华研究员激动地讲述了老师在工作中是怎样争分夺秒的："王老师往往是最早一个到，最后一个离开办公室的。那时，我们都会骑自行车，她不会，她每天都要走差不多三四十分钟的路。她曾经对我讲：段存华，我要赶上在我前面的那个人，我一定要追过他，然后再追第二个、第三个。她就是这样赶时间的[30]。"

王承书对周总理十分尊敬，她在纪念文章中说："对于原子能科学的发展，周总理在关键时刻总亲自过问和指导的。周总理曾多次召开会议，听取汇报，研究这些方面的问题，并做过许多重要指示和批示。周总理说过有实践就要有总结，我们科研工作最大的一个毛病就是总结不够。毛主席历来教导，通过实践，总结提高，上升到理论，再去指导实践。由于70年代林彪干扰国防科委的工作提出了一个不切实际的高指标计划，周总理批评说：提法根本与主席指示不符合。还语重心长地对同志们说，许多事大家要用脑子想一想，不对的，不要不敢讲，不要说假话。对于试验工作，周总理总是要求把工作做细致，做周到，做到扎扎实实，一步一个脚印等等。周总理的这些谆谆教导，是我们从事科研工作的人员应该永远铭记的。周总理的实事求是，严肃认真，周到细致的科学精神是我们应该学习的[19]。"

王承书历任原子能研究所理论研究室研究员、理论研究室副主任、热核聚变研究室主任、六一五研究室副主任、华北六〇五研究所副所长、第三研究设计院革命委员会副主任、二机部科技局总工程师、核工业总公司科技委高级顾问、中国核学会常务理事、中国核学会同位素分离分会理事长。曾任北京大学、清华大学、大连工学院兼职教授。曾当选全国劳动模范、全国"三八"红旗手。1959 年，任第三届全国政协委员[3]。1964 年，当选第三届全国人大代表。1975 年，当选第四届全国人大代表。1978 年，当选第五届全国人大代表。

1978 年王承书调到核工业部直属机关从事组织、领导科研生产和培养人才的工作。她经常下工厂和科研单位，深入实际，掌握情况，为上级部门提供了关于中国铀同位素分离工厂的经济性分析报告。她瞄准世界上第二代分离方法的新技术，并预见到设备寿命问题是这项技术成败的关键之一，为此，她不顾自己年事已高，率先从头学起，并组织科研人员经过十多年的共同努力，取得了突破。第 2 代方法在中国已实现了工业化应用[83]，在她的指导下，第 3 代方法也已取得重大进展。

在 1978 年全国科学大会上，王承书获得的 3 项奖励，均排名第一。

王承书在国内的学术成就主要包括以下 9 个方面：

第 1 个方面，在核聚变研究领域进行开拓性的工作，为该领域培养出了一批骨干人才[11]。

第 2 个方面，在气体扩散研究领域填补多项国内空白，为该领域培养了一批理论骨干人才[10]。

第 3 个方面，通过进行理论计算和试验验证，回答了当时气体扩散工厂中的设备能否生产出合格的高丰度、高纯度浓缩铀的疑问[37]。

第 4 个方面，通过大量理论计算，论证并肯定了 9 批启动、5 批出产品的启动方案，保障了气体扩散工厂的启动成功，比原方案提前 100 多天出产品，为第一颗原子弹的装料做出了重大贡献[38]。

第 5 个方面，为气体扩散工厂稳定、长期、经济运行提供优化方案[39]。

第 6 个方面，为新建的气体扩散工厂提供优化设计方案[40]。

第 7 个方面，作为新型扩散机的总设计师，为该机型的研制和定型提供了许多优化设计方案[10]。

第 8 个方面，倡导并开展激光同位素分离的理论研究[12]。

第 9 个方面，倡导并开展离心分离的理论研究[69]。

王承书的专业是理论物理，但她十分重视实践。在参与铀同位素分离理论工作后不久，她就提出：搞理论工作不能从理论到理论，更不能满足于推演数学公式，铀同位素分离工作有大量的工艺和工程问题要解决，理论工作者必须做到理论建模结合物理图像，最后能以物理图像或实验验证来解读理论结果，这样的理论对工程技术和流程工艺才有指导作用[20]。在参加工作的几十年里，她在不同场合反复强调这个指导思想并付诸实践，造就了一批工程技术领域中既有理论水平又有实际经验的科学工作者。

钱皋韵院士回忆说："在组织领导工作上，王承书先生一直主张能'并联'完成的工作任务就不要'串联'，并强调这样做不只是为了争取时间，而是工程科研工作的特点所决定的，因为工程科研每项阶段性工作之间本来就有内在关联，不可能清晰地划分，后一阶段工作的某些结果可能会对前一阶段工作的内容提出修改意见，如果能提前交叉进行研究，既节约了时间，又节省了费用。在计划经济时代，我们的一些项目，只要一立项，经费就立即到位，我们只要努力提前完成，从未因经费困惑过。改革以后，一方面项目立项的程序比较严格和复杂，另一方面经费虽一次批准，但下拨方式却变得很死板。非得前一个阶段被验收通过，后一个阶段题目的经费才能下拨，只能形成所谓串联搞科研的现象。回想王承书先生的'能并联不要串联'的基于科研规律的工作方法，对现在体制下的上级拨款制度和承担任务单位的工作安排，也仍很有借鉴作用[92]。"

钱皋韵院士回忆说："王承书先生对科研论文和课题总结报告的编写，也有很严格的要求。她的首要要求是语法的逻辑性，所谓逻辑性强，即行文中因果关系必须写得准确，过去她在送她审阅的论文报告中，经常挑出其中有些因果倒置或有因无果的错误语句结构。她批评说，这种错误至少说明你自己没有完全弄明白，或者你自己思想紊乱，也许你自以为已经清楚了，那说明你语文的语法不及格。作为科学论文或工程文件，她还非常重视数据的数量和单位的准确写法，以及对试验结果的必要误差分析。因为科学和工程实践中的数据，大多是非整数，有效位数有限，因此，演算结果的有效位数多了有时反而错了，变成无中生有，而位数取少了或未做误差分析，也等于白白浪费了资源，降低了实验结果的价值。她认为一个合格的研究人员或工程师，是不应该犯这些错误的。她的严格要求，甚至连文章中的标点符号也不放过，这使我们有时感到是否过于苛刻了。但凡是经受过她的这种一丝不苟的科学训练的年轻科研人员，后来都会感到这种科学作风的基本功，受用一辈子也忘不掉[92]。"

张文裕多次向妻子王承书提起他的老师卢瑟福，他说："30 年代，作为一名学生，我曾有幸在卢瑟福的直接指导下学习和从事物理研究，卢瑟福父兄般的关怀与教导给我留下难忘的记忆，不仅在科学研究上，甚至他的为人都成为我学习的楷模，在与同辈人的交往中，他热情地赞扬他们取得的科学成就，但在与自己有关的成绩面前诚恳谦让[18]"。王承书也是这样做的。

核工业总公司矿业局原办公室主任高玉兰说："王承书是一位有成就的科学家，她的学术成就早有定论，她一生也获得过不少奖励，但每次填表格，获奖一栏里她都是空着。别人问她，她说没得过奖，问多了，她会说自己得到的已经够多了，应该给年轻人留出些得奖机会[24]。"

1981 年，王承书当选为中国科学院院士。图 25-1 为当选的 14 名女院士的合影。

王承书是这些优秀巾帼英雄中的一员。1985 年，王承书获得核工

业部劳动模范称号。

图 25-1　1981 年当选的全部 14 名女院士的合影
左起：叶叔华、李林、沈天慧、郝诒纯、何泽慧、池际尚、谢希德、王承书、
黄量、蒋丽金、高小霞、李敏华、林兰英、陈茹玉

　　20 世纪 70 年代，国内有一部流传很广的小说，名叫《第二次握手》，作者张扬在书中描写了一位在美国"曼哈顿工程"中作出重要贡献的中国籍女科学家丁洁琼，在社会上引起了很大的轰动。80 年代初《第二次握手》曾经拍摄成电影。后来，原人大常委会副委员长雷洁琼派秘书问作者的创作依据时，张扬说他创作的人物中有王承书、何泽慧、吴健雄、黄量等人的影子[86]。其实，在美国的"曼哈顿工程"中，因为保密的原因，没有中国人的影子。而在中国的"曼哈顿工程"中，王承书的确是所有参加者中的优秀代表。

　　数十年来，王承书同广大工人、工程技术人员和科研工作者一起，在极其困难的条件下，开创了中国的铀同位素分离事业。她在担负组织领导工作的同时，还不断学习新的知识，亲自讲课，亲自参与研究，在铀同位素分离理论领域中做了大量开拓性工作，解决了工厂运行中遇到的一个又一个理论难题，培养了一批又一批优秀科研人才，在中国铀同位素分离事业的各个阶段作出了重要贡献。

王承书曾长期工作过的研究单位党委书记封志强说："王承书先生作为我国核事业的先驱者，我院科研事业的奠基人，她的事迹对我院广大科研工作者有着极其深远的影响。她将核工业'事业高于一切，严细融入一切，责任重于一切，进取成就一切'的伟大精神践行一生，她在科研事业上孜孜不倦的追求铸就了事业上不朽的丰碑，她是核工业精神的典型代表，是我院年轻一代核工业人学习的榜样。"

社会上知道王承书的人是非常少的，她生前总是婉拒记者的采访，极少出头露面，回国后几乎没有公开发表过论文，严格地恪守她对钱三强的承诺——隐姓埋名一辈子。这不仅是对一个领导的承诺，而是对一种神圣职责的承诺。这不是所有的科学家都能做到的。

第 26 章

教书育人百年计　默默奉献做人梯

> 卢梭说过：在所有一切有益于人类的事件中，
> 首要的一件，即教育人的事业。

1978 年，王承书被调任核工业部科技司总工程师。告别了住了 20 余年的集体宿舍，离开科研一线，王承书恋恋不舍。她生平第一次为个人问题来找领导，她恳请刘伟部长手下留情，对她的调动能"缓期执行"。

刘部长看着已 66 岁的老人，心里很不平静：按工作，一线确实需要王承书这样有理论、有经验、有事业心的领头人，可是 20 余年的单身生活，20 余年的夫妻长期分居，于心不忍，于理不通啊！刘部长狠了狠心告诉王承书："必须立即执行！"

王承书服从组织的调动，进了机关大楼。王承书清楚地知道，生老病死是人所不能抗拒的客观规律。她确实不可能总在科研一线，总有离开的一天。事业的繁衍是人的繁衍，知识的繁衍，她要做老师，倾其所有教给青年人；她要做人梯，用自己的肩膀支起青年人。在完成总工程师工作的同时，王承书把大量的精力和时间放在了对青年的培养上。

当教师，曾经是王承书从小的理想。她心中最美好的一段回忆，就是在贝满读高中时。那时的王承书在班里学习成绩是最好的，但她并没因此看不起别的同学，反而把帮助同学作为一种乐趣。每逢星期六或星期日，王承书就到学校为同学们补习功课。她站在黑板前，手持教鞭，为同学们耐心地讲解着习题，回答着同学们提出的一个个问题，心中充满自豪和愉悦，同学们戏称她为"王老师"。她微笑着说："等我大学毕业了，就去教中学，当一个学生爱戴的中学教师。"

当中学教师成为她少女时期一个没有解开的情结。她看到自己最敬重的大姐当了一辈子中学老师，终身未婚，把一生献给了祖国的教育事业，她的这个情结就越浓烈。在她众多的头衔和称谓中，她最中意的是"王先生"。

凡是受教于王承书的人，都深深地体验到了王承书严谨的治学态度。王承书常说：不能就式论事（即就公式来论事），光知道结论不行，必须搞清楚产生结论的内在规律，才能举一反三，才能判定哪些数据是不可缺少的，哪些数据是可以省略的。在工作中，王承书身体力行，从不忽略任何一个疑点，不轻易下结论。

王承书十分重视人才培养，她通过带研究生，组织培训班，讲课、讨论和修改论文等多种形式，言传身教，是青年人的好榜样，好导师。

凡经王承书审阅的论文，一般都要经过多次修改才能"过关"，大到基本概念，推理和演算过程，小到文字、标点符号，都要一一仔细推敲。她对青年人的培养，既严格要求，又满腔热情。

王承书曾热衷于当一名教师，祖国的需要，把她推到了科研第一线。而实际上，她也一直在教授学生。她的学生中有的已被评为了教授、研究员、中科院院士、工程院院士；有的在行政上担任了研究室主任，研究院领导；相关司、局领导，甚至副部长。许多人都成为核科学研究的中坚骨干，王承书仍是他们尊敬的"王先生"。

学生们从她那里听到最多的教导是："你们要注意培养下一代。"学生们说从她那里除了学到治学的本领，还得到人生的启迪。一本她主持编写的著作出版，学生们一致同意以"一谦"作为笔名，而王承书一直不知道是因她"一贯谦虚"而得名。

王承书作为一名老科学家，她身上所表现出的高尚的科学道德和

严谨的治学态度，深深地影响着她周围的一代年轻人。

夏有功研究员说："60 年代，那时没有研究生培养制度，但我们这些在王承书身边工作的年轻人都得到了她的精心指导，几乎每个人都有做过一回研究生的感觉。对我们中间的每个人的学术特长，她了如指掌，经常是根据某个人的具体情况进行单独指导[24]。"

严世杰研究员说："王承书先生批改过的论文，我至今保存着。每当看到这些连标点使用不当，王先生都亲自改过的论文，我就增加几分责任感。我现在也带了研究生，我常用这些论文告诉我的学生，搞科研，就要像王先生那样一丝不苟，严肃认真，这是作为一个科学家的基本素质[24]。"

钱新研究员说："王承书先生是一位严师，她的"严"表现在言传身教，我毕业后的第二篇论文是王先生改的。一般导师指导论文，指出文中的不足，由学生自己去改，而王先生却自己动笔。为了尊重学生，她总是另附纸逐字逐条指出问题所在，提出修改意见。这是一种无声的教导，印象极深刻[24]。"

诸葛福研究员说："几十年里，王承书是将培养人才，当做她的重要任务来完成的。她的身体一直不好，年纪大了以后视力很差，即使这样，她对研究生们送来的论文，篇篇都认真地看，仔细地指出问题[24]。"

王承书严格要求学生，更是严格要求自己，她从不允许自己有一丝的马虎。王承书的晚年，患有严重的老年性白内障，视力很不好，连电视都不能看了，看文章要借助放大镜。1989 年，诸葛福写了一篇关于稀薄气体边界条件的论文，王承书听说后，专门把论文要去。论文是复印的，墨色很淡。王承书拿着放大镜，先把论文一字一字地描深后，再认真地阅读，提出了修改意见。诸葛福拿着王承书一字字描出的论文稿，感动得说不出话来。

黄更生研究员说："王承书是一位著名科学家，然而生活中，她又非常平易近人。平时在单位里，只要谁有困难，不论是技术人员还是工人，她都给予帮助。1993 年春节前，王承书住在医院，身体很不好，但她却亲手为大家做了不少贺年片，而且都题了词。我们这些从

前的学生去看她，她问这问那，关心每个人的情况。甚至连谁家的孩
子该考大学，她也记在心里。对待工作，她又是另一种态度；有时你
会觉得她严厉得近于苛刻。一位技术人员翻译一篇外文资料，因为临
近春节，为了赶进度，工作较马虎，受到她的严厉批评。她带的一名
清华大学博士生，因为论文中的一个假定物理图像没说清楚，她迟迟
不同意答辩。毕业时间已过，学校方面也希望尽快通过答辩，而王承
书硬是坚持到论文满意为止。这时正常毕业时间已经过了 3 个月。有
人常跟她开玩笑说：'王老，你平时什么都好说话，就是到了工作上不
好说话。'在接触中，你能感觉到她的严厉来自一位科学家的高尚科学
道德和实事求是的科学态度[24]。"

俞沛增研究员说："60 年代初，苏联专家撤走后，留下了一个有
待收拾的摊子。为了首先从理论上搞清楚一些问题，组织上决定由王
承书带领一批年轻人成立理论培训班。正是在这个集体中，我们感受
到她严谨的治学态度。她要求我们作论文时，不仅要说清楚数学方面
的推理，还要还原成物理概念，画出物理图像。并且还要弄明白在生
产中是如何应用的。她对我们的论文也常常是逐字逐句的修改，不放
过任何细小的差错[24]。"

王承书说过，她愿意做人梯，她也这么做到了。看到一大批经她
培养的人才成为我国核工业科技领域的骨干，人们更觉得她这种人梯
精神的可贵。

王承书治学态度严谨，凡是她审阅的论文一般都要进行多次修改。
有个研究生在计算激光法中某流体问题时，所采用的速度大得出乎现
实，她当即提出严肃批评，认为这不是一般的疏忽，而是缺乏物理头
脑，使这位研究生深受感动。

中国工程院院士陈念念在一篇纪念文章中写道："王承书先生对科
研论文和课题总结报告的编写有很严格的要求，首先是强调语法和逻
辑性，对于文章中出现的因果倒置、有因无果或有果无因的语句，她
认为这是思维混乱的表现。此外，她还强调科研文章中实验结果必须
要有误差分析；小数点后的位数要取得合理；物理量单位必须合乎标
准甚至标点符号都不允许出错等等。凡是受过她这种近乎苛刻的科学

训练的科技工作者，事后都深深感到这些都是必备的基本功，是受用一辈子的财富[20]。"

中国科学院理论物理研究所的刘寄星，在中国科学院原子能研究所做研究生时，1966—1968年，经段存华同志介绍，多次登门向王承书先生请教等离子体跨磁场输运问题。此时的王先生虽已年过半百，但她分析问题时概念的清晰，思路之敏捷令人钦佩，其记忆力也远远超过当时才20多岁的刘寄星。尤为难忘的是她对晚辈学生表现出慈母般的关怀。然其谆谆教导晚辈的情景，终生难忘[32]。

1979年12月22日上午，北京寒风呼啸，地冻天寒。这天上午，新华社记者顾迈男来到北京三里河南沙沟张文裕教授的家中。见面后满头银发的张文裕教授嘻嘻笑着请记者在沙发上入座。这时他的老伴，著名理论物理学家王承书笑吟吟地端来茶水招待记者[18]。

在培养学生时，王承书不但注重学术上的提高，而且在思想和生活上也特别关心他们。她言传身教，鼓励年轻人要艰苦奋斗，努力工作，为国争光。同时关心年轻人生活，经常问道："生活怎么样，有什么困难没有？""孩子念书成绩怎样，考上什么学校啦？"等等，让年轻人深刻感受到长者的关爱。

张连合副研究员回忆说："1964年，我从清华大学计算专业毕业后，分配到王承书先生所在的研究室进行理论计算工作，看到王承书等人总是不停地在计算验证，一丝不苟。在随后的工作接触中，王承书先生给人的印象是：一生刻苦勤俭，严于律己，宽以待人。处事低调，平易近人。"

20世纪三年困难时期，为了弥补办公经费的不足，她用自己的钱购买大量纸张供科研人员使用；她还把自己外出办事的出差补助费、各种奖励和稿费捐献给单位购买书籍和文具。

"王承书对青年人的培养，既严格要求，又满腔热情；在进行学术讨论时，她平易近人，不摆架子，以普通一员参加讨论；所以，有技术问题时大家都愿意向她求教。"

图26-1是王承书和年轻同志黄更生、王淑琴在讨论问题。

牛顿有一句名言："假若我能比别人瞭望得略微远些，那是因为我站在巨人们的肩膀上。"王承书同许多科学家一样，并不认为自己是"巨人"，却甘愿做"人梯"，把严谨、求实的科学精神传给年轻一代，让青年人踩着自己的肩膀前进。她用自己的学识、阅历、经验向学生们传递着正能量。

图 26-1　王承书（右）和黄更生（中）王淑琴（左）在讨论问题（1972 年）

王黎明研究员说："在清华大学上学时，经常听老师们讲同位素分离领域中的传奇人物王承书先生，因为在我们学习的专业教材中，有几本是她主持审核的。毕业后，有幸分到王先生曾经领导过的理论组，她的学生严世杰、诸葛福、钱新等老师的严谨学风深深地感染着我。虽然后来工作变动离开了理论组，但王承书先生留下的学术思想值得我们发扬光大，她的精神是我们学习的榜样。"

作为学术带头人，王承书在科研工作中言传身教地培养了一批又一批的高级科研人才，提高了他们的判断能力、选择能力和塑造能力，使他们成了核工业浓缩领域、聚变领域的中坚和骨干，活跃在我国核工业的各个岗位上（见图 26-2）。

大科学家一枝独秀，如果后继无人，再辉煌也如天上的流星，一闪而过。子不嫌母丑，老师不嫌弟子不才，化不才为有才，这才体现老师的爱心和功德。王承书是以德施教、以德立身的楷模。王承书老师桃李满天下，人虽已去，但却永远活在人们的心中。

图 26-2　1983 年，王承书与参加有关教材审定的部分人员合影
左起：张作风　严世杰　史训良　钱　新　王承书　诸葛福　黄更生

第 27 章

潜心研究一辈子　她把书留给科学

　　1956 年，王承书回国，1994 年去世。这 38 年间，她一切为了党和国家，为了原子能科学事业，真正践行了"要把自己的全部智慧和力量奉献给祖国"的诺言。1960 年，原子能研究院召开了党代会，王承书被邀请发言。面对敬爱的党组织，面对全体党员代表，她庄严地提出了入党申请。48 岁的王承书，把自己的奋斗，自己的目标，和全民族的奋斗，党的目标结合起来了。

　　1961 年 11 月 20 日，王承书光荣地加入了中国共产党。入党介绍人是当时的原子能研究所党委副书记，后来的二机部副部长刘书林。王承书使自己的思想得到了净化，使自己的目标得到了升华。在一个更高的起点上，她朝着新的目标进发了。

　　王承书把金钱、名利看得很淡。她是二级教授，20 世纪 50 年代，每月工资 280 多元。从 1963 年起，她按月将工资中大约四分之三（200 元）交纳党费，余下 80 多元还要资助学术活动和困难人员。有人说她是"有福不会享，有钱不会花，有权不会用"。平时单位里谁有困难她都送钱送粮票。她还自己掏钱，为单位同志订阅报纸。

　　在 3 年困难时期，她和大家一起吃菜根、粗粮，省下定量给需要营养的同志。至于平时单位里赈灾捐款等等，她总是捐得最多的一个。

　　她对自己的要求特别苛刻，生活简朴，穿得普通，吃得特别节省。她将工作收入的大部分都交党费的事，直到"文革"后期组织上不同

意多交后为止。

逝世前，王承书在病床上说："回想这一辈子，自己觉得做人还是做得比较正吧，但没有做到一个真正的好党员。"

核工业部原科技核电局副局长、核电局原总工程师张清泉曾说过："王承书同志调到部机关后，我们曾经在一个办公室工作。她年纪大了，在工作上她对自己的要求极严，单位里想派车接送她上、下班，她坚决不同意。有时身体不好，就由保姆护送上班，不管刮风下雨，每天早上8点，王承书都会准时出现在她的办公室。"

核工业总公司科技局原局长严叔衡曾说："几十年里，王承书留给人的印象是从不麻烦别人，能自己克服的困难就自己克服。许多年里，由于工作需要，她一个人在京郊工作，住集体宿舍、吃食堂。丈夫、儿子住在城里，她只能每星期回家一次。但她从未向组织提出过要求，这样的生活一过就是近20年[24]。"

1992年下半年，王承书生命垂危，住进了医院。

常年不倦的工作，使王承书积劳成疾，患有多种疾病，但她却因忙于工作，从不主动上医院，以致这次因哮喘和心衰急诊住院时，医院却找不到她心脏病的病历。

瘦弱的王承书躺在病床上，床显得那样地空旷。刚刚渡过病危的王承书没有一丝的颓丧，依然是那样乐观，那样坚强："马克思没有要我，又把我退回来了。"她豁达地对看护她的人说。久病的王承书已根本没有食欲，可她知道要战胜病魔就得进食。"来，我再吃一个馄饨。"她像对待一道难题，"看，又吃了一个，今天有进步。"顽强的生命力，就像她床头的那束鲜花。

已离休的副部长刘书林来看王承书了，他坐在王承书的病床边，紧紧握住王承书的手，鼓励说："快点好起来。"

"是的，是的，我还有好多事，新推荐的院士（学部委员）材料我还没看完，意见还没有写呢！"

看到刘副部长，似乎又使王承书想起了在原子能研究院的那些日日夜夜，脸上浮起了微笑。

她想起了那个绿荫庇护的研究院，王承书生活和工作了20年的地方，想起了那条她走了 20 年的路⋯⋯

那是一条连着集体宿舍和办公室的路，一头是研究院东南角的集体宿舍，一头是西北角那神秘而壁垒森严的六一五大院，总共 7 里地，6 000 步。无论严冬酷暑，当大地还笼罩着浓浓的黑幕时，王承书就上路了，她身着一套裙装，显得飘逸，清瘦笔直的身躯，矫捷轻盈的步履，使人难以想象她已是年过半百的老人。45 分钟的路对她来讲太长了。经常，她把前面的一个人当目标，加快步伐超过去；然后，再定下一个目标，加快步伐再超过去。久而久之，这成了她的一个习惯。

这难道不是她人生的路，人生的追求么？她总是在为自己定下新的目标，总是不满足，总是在追求。当她已经快走到人生尽头，仍抱着遗憾：“你还是我的入党介绍人呢，你还记得吗？”王承书对刘副部长说。

“记得，记得！”刘副部长也陷入了对美好往事的回忆。

“我这个党员不够好，介绍我入党没让你后悔吧？”

“你是我们党的好党员，能介绍你入党，我感到很自豪。”刘副部长有些激动。

“我做得不好，我很遗憾没能做得更好些。”王承书缓缓地摇摇头。

30 多年来，王承书按照共产党员的标准，严格地规范自己的言行。

她只有一个儿子，儿子在她心中的分量是很重的。不能让儿子不熟悉自己的祖国，这也是王承书冲破重重阻碍，回到祖国的初衷之一。儿子上小学时，为了让儿子能参加北海的少年科技馆的活动，她来到科技馆苦苦请求。由于儿子太小，科技馆不好破例。王承书又跑回中关村的家中，拿上儿子做的模型，返回北海的科技馆做工作，终于使科技馆破例收下了这个小学生。作为一个母亲，王承书对儿子有着深深的歉意，但作为党员干部，儿子没有沾上她一点儿光。

早在 1992 年，王承书的遗书就写好了。遗书说：虚度 80 春秋，回国已 36 年，虽然做了一些工作，但是由于客观原因，未能完全实现回国前的初衷，深感愧对党、愧对人民。死是客观规律，至于什么时候我却是未知数，“笨鸟先飞”，留下自己的几点希望。

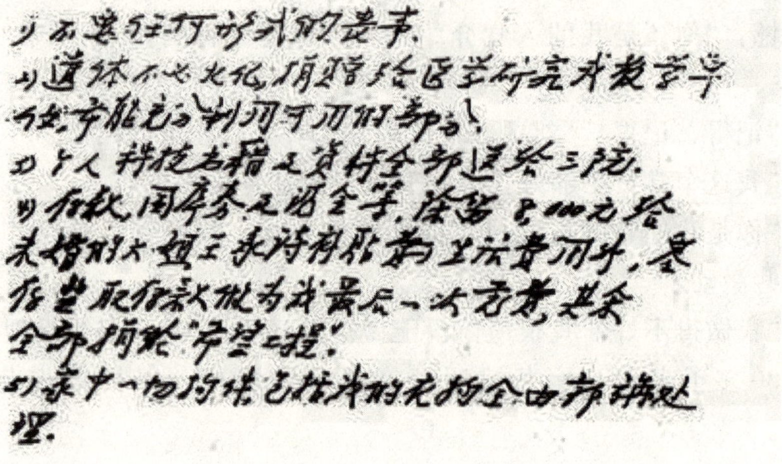

1）不要任何形式的丧事；

2）遗体不必火化，捐赠给医学研究或教学单位，希望充分利用可用的部分；

3）个人科技书籍及资料全部送给三院；

4）存款、国库券及现金等，除留 8 000 元给未婚的大姐王承诗补贴生活费用外，零存整取的作为最后一次党费，其余全部捐给“希望工程”；

5）家中一切物件，包括我的衣物全由郭旃[①]处理。

图 27-1 为遗嘱复印件。

1）不要任何形式的丧事.
2）遗体不必火化，捐赠给医学研究或教学单位充分利用可用的部分！
3）个人科技书籍及资料全部送给三院.
4）存款、国库券及现金等，除留 8000元给未婚的大姐王承诗补贴生活费用外，零存整取存款做为我最后一次党费，其余全部捐给"希望工程".
5）家中一切物件包括我的衣物全由郭旃处理.

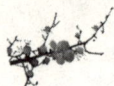

图 27-1　王承书的遗嘱复印件

这不仅仅是一份遗书，同时，也是一位共产党员把一切献给党的誓言。

看着她交的最后一份党费，共 7 222.88 元，许多人流下热泪。一个科学家，把一生的每一点、每一滴都献给了党和人民，而她自己还觉得做得不够好。在她的生命中，“共产党员”这 4 个字该是多么崇高的目标啊！[36]

《人民日报》记者在著名物理学家王承书的家里采访时看到最多的

① 郭旃是王承书的儿媳妇。

是书，书是知识分子的生命，但是作为高级知识分子，除了拥有 3 个普通书柜以外，更多的书只能挤在 4 个拉了布帘的小书架上[21]。

50 年代，王承书从美国寄回来 300 多个邮包，这近 2 000 磅的书刊，都是极其宝贵的资料。这 300 多包资料，饱含着一个科学家的赤诚。早在 60 年代，她就把这些资料的大部分送给了六〇五所的图书馆。

王承书在遗书中写道：要把个人的科技书籍及资料全部送给三院。

在整理她遗存的资料中，有 30 多册是在密歇根大学时的研究笔记手稿，有 30 多册是外文研究报告。

在她的科技书籍中，有李约瑟编的《中国科学技术史》，有《当代中国的核工业》，有梅镇岳编的《原子核物理学》，王竹溪编的《热力学》，有科学出版社出版的《张文裕论文选集》，有吴大猷编的《吴大猷文集》等书。

在工具书中，有《俄语语法图解手册》《核素数据手册》《英汉核科学技术缩略语词典》等。

在政治书中，有《资本论》《列宁回忆录》《毛泽东选集》《列宁主义问题》《党员必读》《敬爱的周总理、我们永远怀念您》等。

在文艺书中有《水浒传》、老舍的《四世同堂》、高尔基的《在人间》、亨利．米勒的《北回归线》等。

王承书一生苦苦追求，对自己的要求近乎苛刻，可她仍不满意。她潜心研究一辈子，最终把书和资料留给了她长期工作过的研究院，留给了科学研究。

第 28 章

省吃俭用几十年　她把钱留给"希望"

　　王承书为核工业带出了一批人才，但她仍没有解开那少女时代的情结，这成了她一个深深的遗憾。她常说，我这辈子值得高兴的就是培养出几名人才，遗憾的是只有几名，而不是大批。其实，她并无遗憾之处，五六十年代，她亲自带出的 20 多名学生，后来大多数都是研究员，成为这一学科领域的学术带头人或学术骨干，至于在工作中长期受到王承书指导和帮助的人就更多了。

　　在王承书的情结中，这一大批人才，是祖国的希望。当"希望工程"在神州大地开展时，王承书要解开这几十年的情结，她与爱人张文裕共同约定，不为儿子留遗产。

　　1992 年 11 月 5 日，张文裕走完了他的人生历程。弥留之际，他向夫人王承书一再嘱托要履行他们的共同约定：不为儿孙留任何遗产，将他们一生的积蓄全部捐给"希望工程"。悲痛万分的王承书哽咽着点头答应，张文裕这才溘然而去。当张文裕去世后，她将家里的 10 万元以张文裕的名义捐给了"希望工程"，成为当时国内个人捐献款额最大的一笔。不久后，在西藏日喀则地区的萨迦县，一所文裕小学拔地而起。

　　张文裕去世后，王承书也对自己的后事作了安排。王承书十分疼爱她的儿子张哲和儿媳郭莎，最疼爱的是她的孙子张旃，本来她想给自己的孙子留下几千元钱，可又一想，这几千元钱对自己的孙子无关紧要，却可以救助几十名失学儿童。她决定一分也不留。

作为我国为数不多的中科院女院士（学部委员），王承书的工资不低，可她却过着最简朴的生活。20 余年的集体生活，长年累月地吃大食堂，每餐一两的饭和十分简单的菜，使她严重地缺乏营养。为了不浪费，每次饭后，她都要用汤把饭碗冲干净后再喝掉。

核工业总公司科技委原办公室主任甘桂珍说："鲁迅先生曾经说过：'有一种人吃的是草，挤出的是奶。'王承书就是这样的人，她对生活上的要求很低，衣着朴素，吃得很简单，同事们几年也看不到她添置一件新衣。"王承书一年四季穿裙装，那全是她从国外带回的衣物，这不是为了讲究，而是为了不用再花钱置办衣装。

《人民日报》记者在中外享有盛誉的著名物理学家王承书的家里采访时看到：这里没有一件高档家具，冰箱是如今已少见的 40 立升的，洗衣机是蓝色、单缸的，是白兰牌的第一代产品，主人自己在洗衣机下边做了 4 个轱辘的简易架子。50 年代从旧货摊上买的柜子四扇玻璃有两扇摇摇欲坠，用透明胶粘着[21]。

晚年的王承书身患多种疾病，对此她并不在意，她常说："我只要脑子不坏，可以思考，眼睛不坏，可以看东西就行了。"

可这个最怕坏的眼睛也坏了，她患有老年性白内障和青光眼。为此，王承书唯一一次主动地去了医院。检查后，医生告诉她，根据她的情况，眼睛已经不能手术了。

"有没有其他的办法，能让我的眼睛好一些？"王承书仍怀有希望。

医生对她说，有一种进口药，10 针一个疗程，可以打打试试。

"能治好我的眼睛吗？"

"不能，只能是暂时使病情得到控制。"对于一个科学家，医生只能实事求是地回答。"这种药比较贵，一针要 600 元。"

"一针 600 元，10 针 6 000 元，"王承书笑了，幽默地说："你看，我这对眼睛还值这 6 000 元么？"说完转身就走，随行的人劝也劝不住。

就这样，王承书放弃了眼睛的治疗，只能借助放大镜来看东西了。

自从这件事后，只要王承书住院，核工业总公司科技局的人总要叮嘱医院，需要用什么好药就用，千万不要跟王承书商量。

王承书只剩下了活跃的善于思维的大脑，她不能让大脑再坏了。

当王承书奇迹般地好转，出院后，刚刚能下床活动，就开始了大脑的锻炼。她开始拼图板，在2 000多块的图板面前，她一坐就是半天。她找来中学奥林匹克数学竞赛题，一道一道地做起来，厚厚的一个本子做完了。一次，一道题怎么也解不出来，她换一种解法，还是不成，直到王承书反复解证后，才非常认真地得出了这道题出错了的结论。

1994年6月18日傍晚，王承书的大脑停止了思想。对自己的后事，她在遗嘱中提出了希望：不要办任何形式的丧事；遗体不必火化，捐给医学研究或教学单位，希望能充分利用可用的部分；个人的科技书籍及资料全部送给曾经工作过的研究单位图书馆。她真是一个高尚的爱国者，功德双馨的知识分子，忠诚无私的共产党员。她的执著精神和崇高品德将永远光芒四射，照亮一切热爱祖国、追求进步、执著事业的人们。

按照王承书生前的要求，人们对她的遗产进行了整理。她捐给"希望工程"的部分大致为10万元[25]，这是点点滴滴积攒的10万元。对于像王承书这样的科学家，那是她一生的积蓄。这浸满爱心的10万元捐献给了西藏的希望小学。落花不是无情物，化作春泥更护花！王承书用自己的一生，解开了这个情结！

王承书的一生是非凡的，王承书留给这个世界的，不只是她的书、她的钱，更重要的是她的精神。她把遗体捐给医学研究，她把书留给科学研究，她把钱留给"希望工程"，她的精神留给社会，这一切都是为祖国更美好，为明天更美好。

王承书的一生向往光明进步，追求真理，以国家独立、民族振兴、社会进步、人民幸福为己任，把毕生精力献给了祖国和人民，献给了民主科学事业。纪念她，就要学习她热爱祖国、热爱和平的赤子情怀，学习她始终接受共产党领导、为党的事业而奋斗的坚定信念，学习她追求真理、敢于直言的科学精神，学习她无私奉献、严于律己的高尚情操。

作为母亲的王承书和作为科学家的王承书面临家、国不能两全的困境时果断做出了无怨无悔的选择。当上级领导询问王承书能否如期完成制造第一颗原子弹所需的浓缩铀的生产任务时，王承书胸有成竹地回答："能。"当上级领导对王承书的回答心存疑虑时，王承书平静而坚定地说："除了我的孩子，我说过的都做到了。"作为母亲，总不能兑现对自己孩子的承诺，其内心的愧疚和备受煎熬的痛苦该有多么强烈！无情未必真男儿，王承书说话时候脸上是平静的。作为母亲，王承书也许算不上优秀；但作为决心把一切献给祖国的科学家，王承书绝对是合格的、优秀的。

聂荣臻元帅曾经说过："我国核科学家们为创建自己的核工业，经过了一段艰难困苦的历程，留下了不同寻常的足迹。"王承书就是留下这些不同寻常足迹的核科学家中的一个典型代表[25]。

在王承书曾经工作过研究机构的办公大楼里，树立着王承书的塑像（见图 28-1）。让人们永远记住这位优秀的科技工作者。

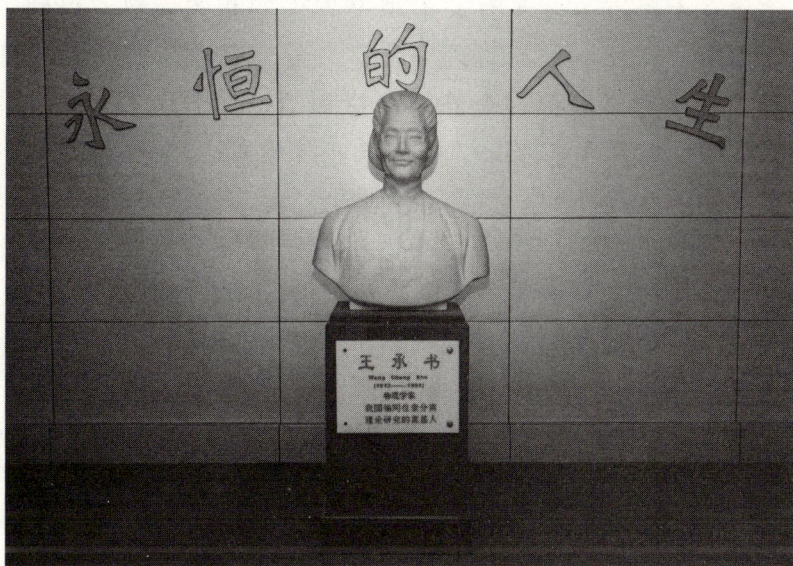

图 28-1　王承书的塑像

后　记

本书是在收集公开发表的资料和出版物的基础上，通过与王承书先生接触过的部分同志交谈，编写加工而成。

本书在院企业文化建设与管理办公室的领导下，由席学武执笔编写。

在本书的形成过程中，得到了院领导王黎明、封志强、张志忠、张忠禄、季茂力、李辉、姜宏民的大力支持。钱皋韵院士、刘广均院士、陈念念院士提供了许多有关王承书先生的相关资料。得到了院党委工作部和企业文化建设与管理办公室领导寇益强、吴俊、李伟为及档案情报中心领导袁奎训、李静的支持和帮助。严世杰、诸葛福、段存华、吴文政、梁鸿英、王杲、张敦航、陆聚林、钢帖木尔、杨宪铎、钱志高、李文洪、徐燕生、吕夺英、张连合、王福刚等同志提供了相关资料。叶楠、王思懿、张凯、郄树一、李敏楠、曹晶、于海洋、韩汶彤、郭书身等同志对本书提供了许多帮助，在此表示感谢。

本书由保密处李金树同志进行审查。第 10 章由核工业西南物理研究院情报室主任张一鸣同志进行审校，在此表示感谢。

生命历程

1912 年 6 月 26 日，出生于上海市。

1924—1930 年，在北京贝满中学学习。

1930—1934 年，在燕京大学物理系学习，获学士学位。

1934—1936 年，在燕京大学物理系学习，获硕士学位。

1936—1937 年，任燕京大学物理系助教。

1937—1939 年，任湖南湘雅医学院讲师。

1939 年，在昆明同张文裕结婚。

1941—1944 年，在美国密歇根大学读研究生，获哲学博士学位。

1944—1946 年，在美国密歇根大学从事博士后研究工作。

1946—1950 年，历任美国密歇根大学副研究员、研究员。

1950 年，儿子（张哲）出生。

1950—1956 年，历任美国密歇根大学研究员，并曾两度在普林斯顿高级研究所工作。

1956 年 9 月 30 日，回到祖国。

1956—1958 年，任中国科学院近代物理研究所理论研究室研究员、副主任，兼任北京大学教授。

1958—1960 年，任中国科学院原子能研究所热核聚变研究室主任。

1961—1964 年，任中国科学院原子能研究所铀同位素分离研究室研究员、副主任。

1964—1973 年，任华北六〇五所研究员、副所长，大型气体扩散机总设计师。

1973—1978 年，任第二机械工业部第三研究院研究员、革命委员

会副主任，大型气体扩散机总设计师。

1978—1980 年，任核工业部研究员，科学技术局总工程师。

1981 年，起任中国科学院数学物理学部学部委员（院士）。

1981—1985 年，任中国核学会铀同位素分离分会理事长。

1986—1990 年，任中国核学会铀同位素分离分会名誉理事长。

1981—1994 年，任核工业部科学技术委员会常委、高级顾问，"七五"国家重点科技攻关项目离心和激光分离铀同位素两个专家组组长，兼清华大学工程物理系教授和大连工学院物理系教授。

1994 年 6 月 18 日，在北京逝世。

王承书的主要论著

1. 王承书 . Automatic continuous records of the atmospheric potential gradient. （大学毕业论文），1934.

2. W. Y. Chang and C. S. Wang（王承书）. Continuous records of the atmospheric potential gradient at yenching. 中国物理学报，1934，1（93）.

3. 王承书 . 大气污染变化的自动连续记录方法（Automatic continuous records of the atmospheric potential gradient）物理学报，1934，Ⅰ（2）.

4. 王承书 . 自动连续记录大气含尘率与气候的关系（Automatic continuous records of the atmospheric dust content and its relation with the weather).（硕士论文）1936.

5. 王承书，谢玉铭 . 以连续记录器测定北平大气中的微尘含量的论文，选为1936年七科学团体联合年会物理学组中国物理学会论文 .

6. 王承书，张文裕 . Analysis of beta disintegration data. Part Ⅰ，the sargent curve and the Fermi and K. U. theories of beta-radioactivity. 科学记录，1942，Ⅰ（98）.

7. 王承书，张文裕 . Analysis of beta disintegration and the complexity of atomic nuclei. 科学记录，1942，Ⅰ（103）.

8. C. S. Wang Chang（王承书）. The quantum theory of the second virial coefficient of the diatomic gas.（博士论文）Michigan Vniv. Ann. Arbor，1944.

9. C. S. Wang Chang & G. E. Uhlenbeck. On the transport phenomena in rarefied gases. Univ. of Michigan，1948. Studies in Statistical Me-

chanics V. 5，1970.（North-Holland Publishing Company，Amsterdam）

10. C. S. Wang Chang. On the dispersion of sound in helium. Univ. of Michigan，1948. Studies in Statistical Mechanics. V. 5. 1970. (North-Holland Publishing Company，Amsterdam)

11. C. S. Wang Chang. On the theory of the thickness of weak shock waves. Univ. of Michigan，1948. Studies in Statistical Mechanics. V. 5. 1970.（North-Holland Publishing Company，Amsterdam）

12. C. S. Wang Chang and Falkaff. On the continuous gamma-radiation accompanying the beta-decay of nuclei. Physical Review，1949，76：364.

13. C. S. Wang Chang and G. E. Uhlenbeck. Transport phenomena in very dilute gases Ⅰ. Univ. of Michigan Report，1949.

14. C. S. Wang Chang and G. E. Uhlenbeck. Transport phenomena in very dilute gases Ⅱ. Univ. of Michigan Report，1950.

15. C. S. Wang Chang and G. E. Uhlenbeck. Transport phenomena in polyatomic molecules. Univ. of Michigan Publication，CM-681，1951.

16. C. S. Wang Chang，G. E. Uhlenbeck and J. de Boer. The heat conductivity and viscosity of polyatomic gases，1951. Studies in Statistical Mechanics，V. 2. 1964.

17. C. S. Wang Chang and G. E. Uhlenbeck. On the propagation of sound in monatomic gases. Univ. of Michigan，1952. Studies in Statistical Mechanics，V. 5. 1970.（North-Holland Publishing Company，Amsterdam）

18. G. E. Uhlenbeck and C. S. Wang Chang. Is there a neutral μ-meson? Physical Review (L)，1952，85：684.

19. C. S. Wang Chang and G. E. Uhlenbeck. The heat transport between two parallel plates as function of the Knudsen number

Project M999. Eng. Res. Inst. ，Univ. of Mich. ，1953.

20. C. S. Wang Chang and G. E. Uhlenbeck. The Couettee flow between two parallel plates as function of the Knudsen number. Project M999，Eng. Res. Inst. Univ. of Mich. ，1954.

21. C. S. Wang Chang and G. E. Uhlenbeck. The kinetic theory of a gas in alternating outside force field: a generalization of the Rayleigh problem. Univ. of Michigan，1956. Studies in Statistical Mechanics，V. 5. 1970. （North-Holland Publishing Company，Amsterdam）

22. C. S. Wang Chang and G. E. Uhlenbeck. On the behavior of a gas near a wall, a problem of Kramer's. Univ. of Michigan，2457-1-T. 1956.

23. 王承书，钱皋韵. 净化级联的计算和试验，1962.

24. 王承书，俞沛增，段存华，等. 504 厂级联 9 批启动方案计算，1963.

25. 王承书. 级联双股流的控制问题，1964，1.

26. 王承书，段存华，黄更生，等. 扩散级联经济性的分析研究，1976.

27. 王承书. 原子能科学技术. 1977（1）：7-10.

28. 王承书，段存华. 浓缩铀的生产与发展. 1980，2.

主要参考文献

[1] 小学语文 5 年级的课文 S 版中，隐姓埋名三十年．

[2] http：//www. people. com. cn.

[3] http：//www. acwf. people. com. cn.

[4] 高玉兰．铸就理想的丰碑——记著名女科学家、中国科学院院士 王承书．北京：原子能出版社，1985.

[5] 李鹰翔．两弹一艇那些事．北京：原子能出版社，2013.

[6] 郑庆云．激情岁月讴歌．北京：原子能出版社，2013.

[7] 孙勤，主编．核铸强国梦．北京：中国社会科学出版社，2013.

[8] 高玉兰．核科学家的足迹．北京：原子能出版社，1993：27-49.

[9] 王承书．物理教学（一生回顾 几点希望）．2008（2）.

[10] 李觉，主编．当代中国核工业．北京：中国社会科学出版社，1987；166-186.

[11] 诸葛福，黄更生．现代物理知识．1993，5（1）：18-20.

[12] 徐芳，等，译．郭臻，校．同位素分离——1975 年伦敦会议文集．原子能出版社，1980.

[13] 段存华，等，译．王承书，审校．铀浓缩．北京：原子能出版社，1986.

[14] 陈聿恕，等，译．王承书，审校．同位素分离．北京：原子能出版社，1983.

[15] 诸葛福．王承书简介．http：//www. chinavalue. ne/wik2009-03-12.

[16] 秋埔．现代物理知识．1992，4（21）：18-20.

[17] 黄雪梅，陈祖甲．人民日报，1994-08-24.

[18] 顾迈男．非凡的智慧人生——著名科学家采访记．上海：上海教

育出版社，2006：118.

[19] 王承书. 原子能科学技术.1977，1：7-10.

[20] 陈念念.20世纪中国知名科学家学术成就概览—物理学卷第1分册. 北京：科学出版社，2014：540-548.

[21] 人民日报.1992-11-23.

[22] 刘丹. 中国科学报.2013-01-04（5）.

[23] 顾小英，朱明远，著. 我们的父亲朱光亚，北京：人民出版社.

[24] 刘敬智，金振蓉. 光明日报.1994-07-26.

[25] 刘敬智. 光明日报.1994-07-25（1）.

[26] 甘桂珍. 光明日报.1994-07-27（2）.

[27] 陈祖甲. 民主与科学.1994（5）.

[28] 高玉兰. 现代物理知识.1992（2）.

[29] 高玉兰，何春满. 现代物理知识.1990（2）.

[30] 彭继超. 大众科技报.2004-09-16（2）.

[31] http：//www. urenco. com/2014.

[32] 刘寄星. 物理.2004，33（3）：157-164.

[33] http：//www. silex. com. au/2014.

[34] 原子能研究院简介.

[35] Wang Chang C S, Uhlenbeck G E, De Boer J. de Boer J, Uhlenbeck G E eds. Studies in Statistical Mechanics (Vol. II). Amsterdam：North-Holland Publishing Co. ，1964.241 ；Wang Chang C S, Uhlenbeck G E. Reports CM-443 （1948），UMH-3-F and CM-681 （1951） U MH-3-F，University of Michigan，USA.

[36] 彭继超. 大众科技报.2004-09-18（2）.

[37] 王承书，钱皋韵. 净化级联的计算和试验，1962.

[38] 王承书，俞沛增，段存华，等.504厂级联9批启动方案计算，1963.

[39] 王承书. 级联双股流的控制问题.1964，1.

[40] 王承书，段存华，黄更生，等. 扩散级联经济性的分析研究，1976.

［41］应纯同，张存镇，译．气体运动论——王承书论文选集．北京：原子能出版社，1994．

［42］王承书．中国科学院院士自述．上海：上海科学出版社，1996．

［43］应纯同，卓韵裳，沈克琦，等主编．中国科学技术专家传略（理学编，物理学卷 2）．北京：中国科学技术出版社，2001-12-20．

［44］诸葛福，沈克琦，主编．中国科学技术专家传略（理学编，物理学卷 1）．石家庄：河北教育出版社，1996：516-526．

［45］吴伯僖．20 世纪中国知名科学家学术成就概览——物理学卷第 1 分册．北京：科学出版社，2014：15-103．

［46］丁林恺．20 世纪中国知名科学家学术成就概览——物理学卷第 1 分册．北京：科学出版社，2014：470-483．

［47］卢希庭．原子核物理．北京：原子能出版社，2000：1．

［48］肖啸庵．同位素分离．北京：原子能出版社，1999：433．

［49］魏巍．聂荣臻传．北京：当代中国出版社，2006：315．

［50］申兴，路人，等，译．浓缩同位素的高速离心方法译文集．北京：中国工业出版社，1963：223-245．

［51］G. Zippe. Separation Phenomena in Liquids and Gases Japan P27-35 (1998).

［52］G. Zippe. Separation Phenomena in Liquids and Gases Moscow P35-53 (2000).

［53］王竹溪．热力学．北京：高等教育出版社，1955．

［54］吴大猷．八十述怀．台湾：台湾出版社，1986．

［55］郭松涛，等，编．扩散级联水力学．北京：原子能出版社，1986．

［56］周世勋．量子力学．北京：高等教育出版社，1979．

［57］http：//baike. baidu. com/view/138999. htm.

［58］http：//baike. baidu. com/view/191954. htm.

［59］陈清泉．泉州日报．2012-11-05 (12)．

［60］科技文萃，（王承书生前照片选登）1994 (11)．

［61］王承书，主编．铀同位素分离．

［62］张文裕．张文裕论文集．北京：科学出版社，1989.

［63］电视剧．国家命运．中国电视剧制作中心，2012.

［64］张扬．第二次握手．成都：四川人民出版社．

［65］章士法，注．居里夫人的故事．北京：外语教学与研究出版社，1980.

［66］中国大百科全书（物理卷）．北京：中国大百科全书出版社，1993.

［67］褚圣麟．原子物理学．北京：高等教育出版社，2002.

［68］应纯同．同位素分离级联理论．北京：原子能出版社，1986.

［69］张存镇．离心分离理论．北京：原子能出版社，1987.

［70］王正行．20世纪中国知名科学家学术成就概览——物理学卷第1分册．北京：科学出版社，2014：514-527.

［71］H. S. Tsien（钱学森）and R. Schamberg. Journ. of Acous. Soc. Am. 18（1946）334.

［72］http：//baike. baidu. com/view/23264. htm.

［73］汪兆富．中国核工业报．2008-11-19（5）.

［74］王立军，等，译．同位素——性质、制备与应用．北京：清华大学出版社．

［75］梅镇岳，编．原子核物理学．北京：科学出版社，1961.

［76］葛能全，编．钱三强年谱长编．北京：科学出版社，2013.

［77］王甘棠，孙汉城．核世纪风云录．北京：科学出版社，2006.

［78］吴征铠．我的一生．北京：原子能出版社，2006.

［79］刘广均．清华大学学报．10. 1-20 1963.

［80］刘广均．清华大学学报．20. 91-102 1980.

［81］黄祖洽，丁鄂江．输运理论．北京：科学出版社，1987.

［82］应纯同．气体输运理论及应用．北京：清华大学出版社，1990.

［83］人民日报 2013-02-26.

［84］刘广均．清华大学学报（自然科学版）.1993，34（6）.

［85］罗上庚．走近核科学技术．北京：原子能出版社，2005.

［86］http：//book. ifeng. com/200907/0701.

［87］http：//baike. baidu. com/link.

［88］吕夺英，等. 核化学与放射化学，1984，6（2）.

［89］http：//baike. baidu. com/view/287209. htm.

［90］张雯成，曾实. 中国核科学技术进展报告. 第三卷. 2013，3/4：59-63.

［91］肯尼斯，著. 王宏林，译. 核击日本. 北京：京华出版社，2006.

［92］钱皋韵. 中国核工业报. 2004-09-25.